WE CAN 韓国語 練習広場

- 初級編 -

張京花·金世徳

HAKUEISHA

　「WE CAN 韓国語　練習広場‐初級編‐」は、日頃に韓国語を勉強する人たちを想定して書かれており、学習者はこの練習帳を通して、基礎的な文法や語彙を習熟し、さまざまな表現を繰り返し練習し、学習できるように作られたものである。

　本練習帳は大きく文法編と読解編に構成されており、練習問題が多く用意されているので、文法を十分に学習し、理解した上に読解を無理なく解けることを目的としている。

　本書は韓国語教材の補助教材として、練習を通して語彙を増やすことができるようになっている事と共に、基本文型の練習が十分できるよう、多様な練習問題が載っており、学習者が理解を固める際に役に立つものと韓国語に対する体系的な学習ができるようになっている。

　また、本書は学習者が語彙や해요体など文末の縮約、不規則活用などの文法的な事項の土台をしっかりと固め、確実に身につけ、さらに作文や会話などの表現に応用できるようになることを願っている。

　最後にこの書籍の出版をご快諾くださった博英社にはこの場を借りて心から感謝の意を表します。

2023 年　吉日
著者一同

目次

読解編   **59**

文法編

学科・年	学籍番号	氏名	評価

▎N＋「-는/은 …は」の練習

	単語	意味	N＋는/은
1	저		
2	선생님		
3	책상		
4	카린 씨		
5	영화 배우		
6	책		
7	학생		
8	책장		
9	컴퓨터		
10	쓰레기통		
11	사진		
12	앨범		
13	학교		
14	집		
15	필통		

学科・年		学籍番号		氏名		評価

N ＋「- 입니다 /- 입니까 ?…です /…ですか」N ＋「- 가 / 이 아닙니다 … ではありません」の練習

	単語	意味	N ＋ 입니다	N ＋ 입니까?	N ＋ 가/이 아닙니다
1	스마트폰				
2	의자				
3	한국어 책				
4	회사원				
5	가방				
6	공책				
7	전화				
8	연필				
9	사전				
10	약사				
11	간호사				
12	의사				
13	한국 사람				
14	일본 사람				
15	중국 사람				

学科・年	学籍番号	氏名	評価

▌ N ＋「 - 가 / 이 …が」の練習

	単語	意味	N＋가/이
1	교회		
2	은행		
3	학교		
4	편의점		
5	공원		
6	영화관		
7	소파		

▌ 適切な助詞を選び、「…が…あります（？）ありません（？）」文を完成しましょう。さらに、日本語に訳しましょう。

1. 은행(가 / 이) 있습니다.　　　　訳：＿＿＿＿＿＿＿＿＿＿＿＿

2. 학교(가 / 이) 있습니까?　　　　訳：＿＿＿＿＿＿＿＿＿＿＿＿

3. 편의점(가 / 이) 있습니다.　　　訳：＿＿＿＿＿＿＿＿＿＿＿＿

4. 공원(가 / 이) 없습니다.　　　　訳：＿＿＿＿＿＿＿＿＿＿＿＿

5. 영화관(가 / 이) 없습니까?　　　訳：＿＿＿＿＿＿＿＿＿＿＿＿

学科・年	学籍番号	氏名	評価

▋ 位置を表す言葉

	単語	意味	書いて覚える			
1	앞					
2	뒤					
3	안/속					
4	밖					
5	위					
6	아래/밑					
7	오른쪽					
8	왼쪽					
9	옆					
10	사이					

▋ 例のように、（　）の a,b に①〜④に言葉を入れて話してみましょう。

a. 영화관　　b. 백화점 왼쪽

가 : 근처에 (a. 영화관) 가/이 있습니까?

나 : 네, (b. 백화점 왼쪽) 에 있습니다.

① a. 화장실　　b. 서점 안　　② a. 도서관　　b. 병원 옆

③ a. 편의점　　b. 우체국 앞　　④ a. 지하철역　　b. 은행 뒤

学科・年	学籍番号	氏名	評価

▌指示代名詞を書いて覚えよう。

	単語	意味	書いて覚える			
1	이					
2	그					
3	저					
4	이것					
5	그것					
6	저것					
7	여기					
8	거기					
9	저기					
10	이건					
11	그건					
12	저건					
13	이게					
14	그게					
15	저게					

学科・年	学籍番号	氏名	評価

▌ 例のように、（　）の a,b に①〜⑤の言葉を入れて話してみましょう。

> a. 이것　　b. 컴퓨터
>
> 가 : (a. 이것) 가/이 무엇입니까?
>
> 나 : (b. 컴퓨터) 입니다.

① a. 그것　　b. 책상　　　..

② a. 이것　　b. 텔레비전　..

③ a. 이것　　b. 불고기　　　..

④ a. 저것　　b. 사전　　　　..

⑤ a. 그것　　b. 볼펜　　　　..

▌ 例のように、適切な語句を書き入れて文章を完成してみましょう。

> 이것 / 가방 / 책상 아래
>
> 가 : (이것) 이 무엇입니까?
>
> 나 : (가방) 입니다.
>
> 가 : 어디에 있습니까?
>
> 나 : (책상 아래) 에 있습니다.

1. 그것 / 사전 / 책상 위　　　..

2. 이것 / 한국어 책 / 가방 안　..

3. 이것 / 곰인형 / 침대 위　　　..

4. 저 건물 / 도서관 / 학생 식당 옆　..

5. 그것 / 볼펜 / 테이블 위　　　..

学科・年	学籍番号	氏名	評価

▌ N ＋ 「- 과 / 와 , - 하고 … と」の練習

	単語	意味	N＋과/와	N＋하고
1	의자			
2	가방			
3	소파			
4	텔레비전			
5	과자			
6	라면			
7	김밥			

▌ 適切な助詞を選び、文を完成しましょう。さらに、日本語訳をしてください。

1. 책상(과 /와)테이블이 있습니다.　　　訳：_____

2. 침대(과 /와)소파가 있습니까?　　　訳：_____

3. 라면(과 /와)김밥이 있습니다.　　　訳：_____

4. 지우개(과 /와)연필이 없습니다.　　　訳：_____

5. 의자(과 /와)컴퓨터가 없습니까?　　　訳：_____

学科・年	学籍番号	氏名	評価

「- 합니다体」の練習

	単語	意味	-ㅂ니다/-습니다　…です	-ㅂ니까?/-습니까?　…ですか
1	가다			
2	오다			
3	비싸다			
4	타다			
5	싸다			
6	만나다			
7	보다			
8	마시다			
9	놀다			
10	알다			
11	만들다			
12	입다			
13	읽다			
14	맛있다			
15	먹다			

| | 学科・年 | | 学籍番号 | | 氏名 | | 評価 |

▌「- 합니다体」の練習

	単語	意味	-ㅂ니다/-습니다 …です	-ㅂ니까?/-습니까? …ですか
16	기다리다			
17	펴다			
18	내다			
19	길다			
20	멀다			
21	듣다			
22	잘하다			
23	쇼핑하다			
24	운동하다			
25	공부하다			
26	재미있다			
27	재미없다			
28	크다			
29	작다			
30	자다			

学科・年	学籍番号	氏名	評価

▌適切な助詞を選び、「…を…します」と文を完成しましょう。さらに、日本語訳をしてください。

1. 책(를 / 을) 읽습니다.　　訳：_____

2. 옷(를 / 을) 입습니다.　　訳：_____

3. 커피(를 / 을) 마십니다.　　訳：_____

4. 친구(를 / 을) 기다립니까?　訳：_____

5. 한국어(를 / 을) 공부합니까? 訳：_____

▌例のように、質問して答え文を「…で…します」の文章に作りましょう。

> 가 : 어디에서 무엇을 합니까? (백화점 / 쇼핑하다)
>
> 나 : 백화점에서 쇼핑합니다.

1. 가 : 어디에서 무엇을 합니까? (도서관 / 책을 읽다)

   나 : _____

2. 가 : 어디에서 무엇을 합니까? (스포츠 센터 / 운동하다)

   나 : _____

3. 가 : 어디에서 무엇을 합니까? (커피숍 / 친구를 만나다)

   나 : _____

学科・年	学籍番号	氏名	評価

漢数詞を書いて覚えよう。

	単語	意味	書いて覚える			
1	일	一				
2	이	二				
3	삼	三				
4	사	四				
5	오	五				
6	육	六				
7	칠	七				
8	팔	八				
9	구	九				
10	십	十				
11	영/공	ゼロ				
12	백	百				
13	천	千				
14	만	万				
15	억	億				

学科・年	学籍番号	氏名	評価

▌助数詞を書いて覚えよう。

	単語	意味	書いて覚える			
1	-년					
2	-월					
3	-일					
4	-원					
5	-층					
6	-분					
7	-번					

▌次の語句を韓国語で書いてみよう。

1. 06-456-9087

2. 03-248-91965

3. 090-8357-1374

4. 46分

5. 3階

▌ 例のように、質問して答えてみよう。

> 가 : 얼마입니까? (56,000원)
>
> 나 : <u>오만 육천</u> 원입니다.

1. 2,600원 ....

2. 19,000원 ....

3. 34,000원 ....

4. 123,600원 ....

5. 476,500원 ....

▌ 例のように、質問して答えてみよう。

> 가 : 몇 월 며칠입니까? (3월 16일)
>
> 나 : <u>삼월 십육일</u> 입니다.

1. 6월 25일 ....

2. 10월 9일 ....

3. 11월 16일 ....

4. 12월 13일 ....

5. 1월 1일 ....

学科・年	学籍番号	氏名	評価

N +「- 예요 /- 이에요 (?)…です /…ですか」の練習

	単語	意味	N +예요/이에요
1	책상		
2	가방		
3	볼펜		
4	필통		
5	불고기		
6	잡채		
7	떡볶이		
8	도서관		
9	여기		
10	책		
11	의자		
12	집		
13	텔레비전		
14	버스		
15	지하철		

学科・年	学籍番号	氏名	評価

■ N +「- 세요 / 으세요　お…ください、…してください」の練習

	単語	意味	N + 세요/으세요
1	가다		
2	오다		
3	만들다		
4	열다		
5	놀다		
6	앉다		
7	읽다		

■「- 로 / 으로　…で、…に、へ」を使い、質問に答えてみよう。

1. 가 : 화장실이 어디에 있습니까? (10층)

   나 : .... 가세요.

2. 가 : 무엇으로 밥을 먹습니까? (숟가락)

   나 : .... 먹습니다.

3. 가 : 무엇으로 학교에 옵니까? (지하철)

   나 : .... 옵니다.

学科・年	学籍番号	氏名	評価

「- 해요体」の練習

	単語	意味	-아요/-어요 …です、…ます	-아요?/-어요? …ですか、…ますか
1	받다			
2	앉다			
3	높다			
4	놀다			
5	알다			
6	팔다			
7	만들다			
8	입다			
9	맛있다			
10	읽다			
11	먹다			
12	찾다			
13	없다			
14	있다			
15	믿다			

学科・年	学籍番号	氏名	評価

「- 해요체の母音縮約」の練習

	単語	意味	-아요/-어요…です、…ます	-아요?/-어요?…ですか、…ますか
1	가다			
2	오다			
3	만나다			
4	사다			
5	싸다			
6	비싸다			
7	보다			
8	서다			
9	펴다			
10	내다			
11	세다			
12	배우다			
13	마시다			
14	되다			
15	끝내다			
16	일어서다			
17	다니다			
18	기다리다			
19	주다			
20	켜다			

学科・年	学籍番号	氏名	評価

▌「- 하語幹の해요体」の練習

	単語	意味	-해요　　…します	-해요?　　…しますか
1	공부하다			
2	사랑하다			
3	좋아하다			
4	싫어하다			
5	운동하다			
6	일하다			
7	시작하다			
8	생각하다			
9	미안하다			
10	말하다			
11	숙제하다			
12	요리하다			
13	수영하다			
14	주문하다			
15	구경하다			

学科・年		学籍番号		氏名		評価

固有数詞を書いて覚えよう。

	単語	意味	書いて覚える			
1	하나	一つ				
2	둘	二つ				
3	셋	三つ				
4	넷	四つ				
5	다섯	五つ				
6	여섯	六つ				
7	일곱	七つ				
8	여덟	八つ				
9	아홉	九つ				
10	열	十				
11	스물	20				
12	한	1				
13	두	2				
14	세	3				
15	네	4				

学科・年	学籍番号	氏名	評価

▌ 助数詞を書いて覚えよう。

	単語	意味	書いて覚える			
1	-개					
2	-시					
3	-시간					
4	-살					
5	-명					
6	-병					
7	-장					

▌ 次の語句を韓国語で書いてみよう。

1. 8個 ....

2. 20歳 ....

3. 6名 ....

4. 5本 ....

5. 13枚 ....

▌ 例のように、質問して答えてみよう。

> 가 : 지금 몇 시예요? (3시 15분)
>
> 나 : <u>세 시 십오 분</u>이에요.

1. 2시 ....

2. 4시 30분 ....

3. 7시 20분 ....

4. 11시 16분 ....

5. 12시 13분 ....

▌ 例のように、「- 부터 - 까지…から…まで」を使い、質問に答えてみよう。

> 가 : 언제 한국어를 공부해요? (월요일 / 10 : 40 ~12 : 10)
>
> 나 : <u>월요일 열 시 사십 분부터 열두 시 십 분까지</u> 공부해요.

1. 화요일 / 11 : 00 ~12 : 40 ....

2. 목요일 / 13 : 20 ~14 : 50 ....

3. 금요일 / 9 : 00 ~10 : 30 ....

学科・年	学籍番号	氏名	評価

▌ V＋「- 아 /- 이 주세요…してください」の練習

	単語	意味	V＋아 주세요/어 주세요
1	깎다		
2	빌리다		
3	읽다		
4	앉다		
5	오다		
6	가다		
7	보이다		
8	말하다		
9	찍다		
10	가르치다		
11	기다리다		
12	마시다		
13	보내다		
14	켜다		
15	닫다		

▌ 例のように、「‐고…て、…し」の文を完成してみましょう。

> 호텔 방이 크다 / 시원해요
>
> ➡ 호텔 방이 <u>크고</u> 시원해요.

1. 키가 크다 / 머리가 길어요 ....

2. 오늘은 맑다 / 따뜻해요 ....

3. 가방이 싸다 / 좋아요 ....

4. 한국어는 쉽다 / 재미있어요 ....

5. 한국 드라마도 보다 / 영화도 봐요 ....

6. 잡지를 읽다 / 신문도 읽어요 ....

7. 시계를 사다 / 구두도 샀어요 ....

8. 밥을 먹다 / 커피를 마셔요 ....

9. 아침에 이를 닦다 / 세수해요 ....

10. 학교 식당은 싸다 / 맛있어요 ....

11. 친구는 공부하다 / 저는 게임을 했어요 ....

12. 한국의 가을은 시원하다 / 하늘이 맑아요 ....

13. 주말은 아르바이트를 하다 / 집에서 쉬어요 ....

14. 오빠는 회사원이다 / 언니는 대학생이에요 ....

15. 저는 축구를 좋아하다 / 동생은 마라톤을 좋아해요 ....

....

学科・年	学籍番号	氏名	評価

■ 例のように、「안 -、- 지 않다…ません、…くない」を使い、質問して答えてみよう。

> **가** : 커피를 마셔요?
>
> **나** : 아뇨, <u>안</u> 마셔요.

1. 가 : 한국 신문을 읽어요?

    나 : 아뇨, ...

2. 가 : 한국어 사전을 사요?

    나 : 아뇨, ...

3. 가 : 매일 운동해요?

    나 : 아뇨, ...

> **가** : 술을 마셔요?
>
> **나** : 아뇨, 마시<u>지 않아요.</u>

4. 가 : 친구를 만나요?

    나 : 아뇨, ...

5. 가 : 한국어를 공부해요?

    나 : 아뇨, ...

6. 가 : 아침 먹어요?

    나 : 아뇨, ...

学科・年	学籍番号	氏名	評価

▌「- 해요体の過去形」の練習

	単語	意味	-았어요/-었어요	-았어요?/-었어요?
1	받다			
2	앉다			
3	높다			
4	놀다			
5	알다			
6	팔다			
7	만들다			
8	입다			
9	맛있다			
10	읽다			
11	먹다			
12	찾다			
13	없다			
14	있다			
15	믿다			

学科・年	学籍番号	氏名	評価

┃「‐해요体の過去形（母音縮約）」の練習

	単語	意味	‐았어요/‐었어요	‐았어요?/‐었어요?
1	가다			
2	오다			
3	만나다			
4	사다			
5	싸다			
6	비싸다			
7	보다			
8	서다			
9	펴다			
10	내다			
11	세다			
12	배우다			
13	마시다			
14	되다			
15	끝내다			
16	일어서다			
17	다니다			
18	기다리다			
19	주다			
20	켜다			

学科・年	学籍番号	氏名	評価

▌「- 하語幹の過去形」の練習

	単語	意味	-했어요	-했어요?
1	공부하다			
2	사랑하다			
3	좋아하다			
4	싫어하다			
5	운동하다			
6	일하다			
7	시작하다			
8	생각하다			
9	미안하다			
10	말하다			
11	숙제하다			
12	요리하다			
13	수영하다			
14	주문하다			
15	구경하다			

▌ 例のように、「‐ㄹ/을까요…ましょうか」を使い、文を完成してみましょう。

| 무슨 영화를 보다 ➡ 무슨 영화를 <u>볼까요?</u> |

1. 몇 시에 만나다 ....

2. 불고기를 만들다 ....

3. 언제 여행을 가다 ....

4. 어디에서 점심을 먹다 ....

5. 택시를 타다 ....

▌ 例のように、「‐ㅂ/읍시다…ましょう」を使い、文を完成してみましょう。

| 주말에 영화를 보다 ➡ 주말에 영화를 <u>봅시다.</u> |

1. 떡볶이를 만들다 ....

2. 서울에 같이 여행가다 ....

3. 학생식당에서 점심을 먹다 ....

4. 영화관 앞에서 만나다 ....

5. 저기서 사진을 찍다 ....

学科・年	学籍番号	氏名	評価

▌ 例のように、「- 고 싶어요…したいです」を使い、質問して答えてみよう。

영화를 보다 ➡ 영화를 <u>보고 싶어요.</u>

1. 피아노를 치다   ....

2. 아르바이트를 하다   ....

3. 떡볶이를 먹다   ....

4. 한국어를 잘하다   ....

5. K-POP콘서트에 가다 ....

6. 커피를 마시다   ....

7. 한국 소설을 읽다   ....

8. 리포트를 잘 쓰다   ....

9. 화장품을 사다   ....

10. 한국 음식을 만들다 ....

11. 서울에서 살다   ....

12. 친구를 만나다   ....

13. 디즈니랜드에 가다   ....

14. 한국 신문을 읽다   ....

15. 액션 영화를 보다   ....

学科・年	学籍番号	氏名	評価

▌ 例のように、「- 지만…が、…けれども」を使い、文を完成してみましょう。

> 김치는 맵다 / 맛있어요 ➡ 김치는 <u>맵지만</u> 맛있어요.

1. 시간은 있다 / 돈이 없어요　　　..

2. 호텔은 시설은 좋다 / 좀 비싸요　..

3. 디자인은 멋지다 / 불편해요　　..

4. 이 옷은 싸다 / 너무 작아요　　..

5. 몸이 아프다 / 학교에 가요　　..

▌ 例のように、「- 지만 - 고 싶어요…が、けれども、…したいです」を使い、文を完成してみましょう。

> 레포트가 많다 / 놀다 ➡ 리포트가 <u>많지만</u> <u>놀고 싶어요.</u>

1. 수업이 있다 / 디즈니랜드에 가다　..

2. 돈이 없다 / 유학하다　　　　　..

3. 시간이 없다 / 아르바이트를 하다　..

4. 숙제가 많다 / 영화를 보다　　　..

5. 시험이 있다 / 자다　　　　　　..

学科・年	学籍番号	氏名	評価

▌例のように、「- ㄴ / 은 후에…した後に」を使い、文を完成してみましょう。

> 식사하다 / 커피를 마셔요 ➡ 식사<u>한 후에</u> 커피를 마셔요.

1. 밥을 먹다 / 이를 닦아요 ....

2. 졸업하다 / 한국으로 유학가요 ....

3. 영화를 보다 / 뭐 할까요? ....

4. 책을 읽다 / 리포트를 씁시다 ....

5. 수업이 끝나다 / 아르바이트를 해요 ....

6. 친구를 만나다 / 도서관에 갔어요 ....

7. 결혼하다 / 한국에 왔어요 ....

8. 준비운동을 하다 / 수영을 합시다 ....

9. 한강을 산책하다 / 카페에서 차를 마셔요 ....

10. 시험이 끝나다 / USJ에서 놀았어요 ....

11. 숙제를 하다 / 온라인 게임을 해요 ....

12. 옷을 사다 / 영화를 봤어요 ....

13. 테니스를 치다 / 뭐 할까요? ....

14. 야구를 하다 / 온천에 갑시다 ....

15. 쇼핑하다 / 극장에 갈까요? ....

学科・年	学籍番号	氏名	評価

▌ 例のように、「- ㄹ / 을 거예요…するつもりです、…予定です」を使い、文を完成してみましょう。

백화점에 가다 ➡ 백화점에 <u>갈 거예요</u>.

1. 노래방에서 노래를 부르다　　...

2. 아리마 온천에 가다　　...

3. 가방을 사다　　...

4. 롤러코스터를 타다　　...

5. USJ에서 놀다　　...

6. 운전을 배우다　　...

7. 동대문에서 쇼핑하다　　...

8. KTX를 타다　　...

9. 집에서 숙제하다　　...

10. 향수를 선물하다　　...

11. 한국 소설책을 읽다　　...

12. 도서관에서 책을 빌리다　　...

13. 편의점에서 보내다　　...

14. 공원에서 산책하다　　...

15. 호텔을 예약하다　　...

例のように、「‐는 중…しているところ」を使い、文を完成してみましょう。

> 도서관에서 자료를 찾다 ➡ 도서관에서 자료를 찾는 중이에요.

1. 한국 요리를 만들다

2. 어머니하고 통화하다

3. 친구를 기다리다

4. 생일 파티를 준비하다

5. K-POP CD를 듣다

6. 호텔을 검색하다

7. 은헹에서 돈을 찾다

8. 그림을 그리다

9. 앱을 다운로드하다

10. 콘서트에 가다

11. 레스토랑을 예약하다

12. 친구와 영상통화하다

13. 디즈니랜드에서 놀다

14. 머리를 자르다

15. 뉴스를 보다

▌ 例のように、「- 고 있어요…しています」を使い、質問して答えてみましょう。

> 가 : 학생들이 뭐 하고 있어요? (한국말을 공부하다)
>
> 나 : <u>한국말을 공부하고 있어요.</u>

1. 가 : 카린 씨는 무엇을 먹고 있어요? (피자)

   나 : ....

2. 가 : 어디에서 아르바이트를 하고 있어요? (카페)

   나 : ....

3. 가 : 누구를 기다리고 있어요? (남자 친구)

   나 : ....

4. 가 : 집에서 무엇을 하고 있어요? (한국 드라마를 보다)

   나 : ....

5. 가 : 무엇을 듣고 있어요? (한국 노래)

   나 : ....

学科・年	学籍番号	氏名	評価

例のように、「- 려고 / 으려고 해요…しようとする、…しようと思う」を使い、文を完成してみましょう。

> 일본에서 취직하다 ➡ 일본에서 취직하려고 해요.

1. 아르바이트를 하다 ....

2. 옷과 신발을 사다 ....

3. 양념치킨을 먹다 ....

4. 떡볶이를 만들다 ....

5. 도서관에서 레포트를 쓰다 ....

6. 집에서 청소하다 ....

7. 휴가에 미국여행을 가다 ....

8. 11시까지 도서관에서 공부하다 ....

9. 오토바이를 배우다 ....

10. 시골에서 살다 ....

11. 여권 사진을 찍다 ....

12. 커피를 마시다 ....

13. 골프를 배우다 ....

14. 한국어 사전을 사다 ....

15. 주말에 테니스를 치다 ....

学科・年	学籍番号	氏名	評価

例のように、「- 아 / 어 보세요…してみてください」を使い、文を完成してみましょう。

한국 소설을 읽다 ➡ 한국 소설을 <u>읽어 보세요.</u>

1. 순두부찌개를 한번 먹다 ....

2. 골프를 배우다 ....

3. 여름방학에 전주에 가다 ....

4. 막걸리를 마시다 ....

5. 한복을 한번 입다 ....

6. 한옥 마을에 묵다 ....

7. 쌈장에 찍어 먹다 ....

8. 국립박물관을 구경하다 ....

9. 좀 쉬다 ....

10. 잡채를 만들다 ....

11. 해외 어학연수에 참가하다 ....

12. 기념품을 선물하다 ....

13. 자동차를 팔다 ....

14. 아르바이트를 시작하다 ....

15. 배낭여행을 가다 ....

▌ 例のように、「- 에서 - 까지…부터…まで」を使い、質問して答えてみましょう。

※ 原文ママ: 「- 에서 - 까지…から…まで」

> 학교 / 집 / 지하철
>
> **가** : 학교<u>에서</u> 집<u>까지</u> 어떻게 가요?
>
> **나** : <u>지하철로 가요.</u>

1. 집 / 공항 / 1시간 쯤

　가 : _____ 리무진 버스로 시간이 얼마나 걸려요?

　나 : _____.

2. 오사카 / 서울 / 비행기

　가 : _____ 어떻게 가요?

　나 : _____.

3. 후쿠오카 / 도쿄 / 신칸센

　가 : _____ 어떻게 가요?

　나 : _____.

4. 서울 / 제주도 / 1시간 정도

　가 : _____ 비행기로 시간이 얼마나 걸려요?

　나 : _____.

学科・年	学籍番号	氏名	評価

▌ 例のように、「- 기로 하다…することにする」を使い、文を完成してみましょう。

대학원에 진학하다 ➡ 대학원에 <u>진학하기로 했어요.</u>

1. 생일 파티에 누구를 초대하다 ....

2. 어느 학교에 다니다 ....

3. 이메일을 보내다 ....

4. 한국어 수업을 듣다 ....

5. 내일 몇 시에 모이다 ....

6. 도서관에서 전공서적을 읽다 ....

7. 서울에서 살다 ....

8. 운전학원에 다니다 ....

9. 유학을 가다 ....

10. 집들이 선물을 사다 ....

11. 병원에 입원하다 ....

12. 도쿄에 출장가다 ....

13. 국제학회에 참석하다 ....

14. 부산까지 배로 가다 ....

15. 서울역에서 만나다 ....

学科・年	学籍番号	氏名	評価

▊ 例のように、「- 아 / 어 있다…している」を使い、文を完成してみましょう。

> 장미꽃이 피다 ➡ 장미꽃이 <u>피어 있어요</u>.

1. 가게 문이 열리다 ....

2. 식당에 자리가 비다 ....

3. 접시에 음식이 남다 ....

4. 친구가 의자에 앉다 ....

5. 카린 씨가 버스정류장에 서다 ....

6. 병원에 입원하다 ....

7. 공원 벤치에 앉다 ....

8. 문이 잠기다 ....

9. 서울에 출장가다 ....

10. 책상 위에 놓이다 ....

11. 벚꽃이 피다 ....

12. 사과가 열리다 ....

13. 교실에 학생이 남다 ....

学科・年	学籍番号	氏名	評価

■ 例のように、「-아야/어야 되다…しなければならない」を使い、文を完成してみましょう。

친구 결혼식에 정장을 입다 ➡ 친구 결혼식에 <u>정장을 입어야 돼요.</u>

1. 신발을 교환하다　　　　　　　...

2. 병원에 가다　　　　　　　　　...

3. 선물을 사다　　　　　　　　　...

4. 여권 사진을 찍다　　　　　　　...

5. 호텔을 예약하다　　　　　　　...

6. 종로3가역에서 갈아타다　　　...

7. 공항에 부모님을 마중가다　　...

8. 초대권을 보내다　　　　　　　...

9. 콘서트 티켓을 예매하다　　　...

10. 운전 면허를 따다　　　　　　...

11. 세뱃돈을 주다　　　　　　　　...

12. 커튼을 바꾸다　　　　　　　　...

13. 선생님을 돕다　　　　　　　　...

14. 등산화를 신다　　　　　　　　...

15. 기말시험 공부를 하다　　　　...

▍例のように、「- 아서 / 어서…て、…くて、…ので」を使い、文を完成してみましょう。

> 길이 막히다 / 지하철을 탔어요. ➡ 길이 <u>막혀서</u> 지하철을 탔어요.

1. 머리가 아프다 / 약을 먹었어요　...

2. 영화가 슬프다 / 많이 울었어요　...

3. 카린 씨를 만나다 / 같이 가기로 했어요　...

4. 한국에 유학오다 / 남자 친구를 만났어요　...

5. 아침에 일어나다 / 제일 먼저 물을 마셔요　...

6. 배가 고프다 / 햄버거를 먹어요　...

7. 시험이 있다 / 도서관에서 공부해요　...

8. 여자 친구 생일이다 / 선물을 샀어요　...

9. 감기에 걸리다 / 병원에 가요　...

10. 영화가 재미없다 / 잠이 들었어요　...

11. 이 노래가 좋다 / 계속 듣고 있어요　...

12. 값이 싸다 / 그 양말을 다 샀어요　...

13. 고전이 어렵다 / 읽고 싶지 않아요　...

14. 친구가 이사하다 / 도와줬어요　...

15. 불고기가 유명하다 / 항상 손님들이 많아요　...

| 学科・年 | 学籍番号 | 氏名 | 評価 |

■「- ㅂ 不規則活用」の練習

	単語	意味	-아/어요	-았/었어요	-아/어서
1	어렵다				
2	쉽다				
3	맵다				
4	싱겁다				
5	즐겁다				
6	가깝다				
7	반갑다				
8	돕다				

■ 例のように、質問して答えてみましょう。

> **가** : 한국어 공부 어때요? (어렵다)
>
> **나** : 재미있어요. 하지만 조금 어려워요.

1. 가 : 바람이 차고 비가 많이 왔어요? (닫다)

   나 : 네, 그래서 창문을 ....

2. 가 : 김치 찌개 왜 안 먹어요? (맵다)

   나 : 조금 .... 못 먹겠어요.

3. 가 : 코리아 타운이 어디 있어요? (가깝다)

   나 : 츠루하시에 있어요. 여기에서 ....

▋ 「‐ ㄷ 不規則活用」の練習 （＊は‐ㄷ不規則活用ではないもの）

	単語	意味	-아/어요	-았/었어요	-아/어서
1	듣다				
2	걷다				
3	묻다				
4	알아듣다				
5	*닫다				
6	*받다				
7	*믿다				
8	*얻다				

▋ 例のように、質問して答えてみましょう。

> **가** : 어제 뭐 했어요? (걷다)
>
> **나** : 날씨가 좋아서 한강을 <u>걸었어요.</u>

1. 가 : 바람이 차고 비가 많이 왔어요? (닫다)

   나 : 네, 그래서 창문을 _____:

2. 가 : 한국말을 정말 잘하세요. 어떻게 공부 했어요? (듣다)

   나 : 발음 연습을 많이 하고 한국어 CD도 많이 _____:

3. 가 : 이 꽃은 누가 줬어요? (받다)

   나 : 남자 친구한테서 _____:

学科・年	学籍番号	氏名	評価

■ 「- 으 不規則活用」の練習

	単語	意味	-아/어요	-았/었어요	-아/어서
1	쓰다				
2	기쁘다				
3	크다				
4	바쁘다				
5	예쁘다				
6	아프다				
7	고프다				
8	슬프다				

■ 例のように、質問して答えてみましょう。

> 가 : 어제 수업에 왜 늦었어요? (아프다)
>
> 나 : 머리가 <u>아팠어요</u>. 그래서 병원에 갔다왔어요.

1. 가 : 이 영화 어땠어요? (슬프다)

   나 : 마지막 장면이 ....

2. 가 : 내일 만날 수 있어요? (바쁘다)

   나 : 요즘 일이 많기 때문에 조금 .... 나중에 만나요.

3. 가 : 도서관에서 뭐 했어요? (쓰다)

   나 : 한국문화 리포트를 ....

学科・年	学籍番号	氏名	評価

▌例のように、「- 러 / 으러 가다…しに行く」を使い、質問して答えてみましょう。

> **가** : 백화점에 왜 가요? (생일 선물을 사다)
>
> **나** : 생일 선물을 사러 가요.

1. 가 : 도서관에 왜 가요? (책을 읽다)

　나 : ....

2. 가 : 카페에 왜 가요? (친구를 만나다)

　나 : ....

3. 가 : 어제 공항에 왜 갔어요? (부모님을 마중하다)

　나 : ....

4. 가 : 어제 스포츠 센터에 왜 갔어요? (수영하다)

　나 : ....

学科・年	学籍番号	氏名	評価

▌ 適切な助詞を選び、「- 나 / 이나…か、…や、- 거나…したり」を使い、 文を完成しましょう。さらに、日本語に訳してください。

1. 아침에는 빵(나/이나) 밥을 먹어요.　　　訳 : _____

2. 휴일(나/이나) 주말에 친구를 만나요.　　訳 : _____

3. 주말에는 집에서 잠(나/이나) 자려고 해요.　訳 : _____

4. 대학로(나/이나) 명동으로 선물을 사러 가요.訳 : _____

5. 영화(나/이나) 연극을 볼까요?　　　　　訳 : _____

▌ 例のように、質問して答えてみましょう。

> 가 : 휴일에 보통 뭐 해요? (영화를 보다 / 쇼핑하다)
>
> 나 : 영화를 보거나 쇼핑해요.

1. 가 : 수업이 끝난 후에 보통 뭐 해요? (도서관에 가다 / 아르바이트를 하다)

　나 : _____.

2. 가 : 잠자기 전에 보통 뭐 해요? (일기를 쓰다 / 음악을 듣다)

　나 : _____.

3. 가 : 주말에 집에서 보통 뭐 해요? (집을 치우다 / 요리를 하다)

　나 : _____.

学科・年	学籍番号	氏名	評価

▌用言＋「- 아도 / 어도 되다…てもよい（許可）, - 면 / 으면 안 되다…てはいけない（禁止）」の練習

	単語	意味	-아도/어도 돼요	-면/으면 안 돼요
1	가다			
2	보다			
3	내다			
4	기다리다			
5	듣다			
6	돕다			

▌例のように、文を完成してみましょう。

교실에서 빵을 먹다 ➡ 교실에서 빵을 먹어도 돼요?

1. 전자 사전을 사용하다 　...

2. 에어컨을 켜다 　...

3. 이 옷을 입어 보다 　...

4. 리포트를 내일까지 내다 　...

5. 창문을 닫다 　...

例のように、文を完成しましょう。

교실에서 김밥을 먹다

가 : 교실에서 김밥을 먹 (아/어)도 돼요?

나 : 아뇨, 김밥을 먹 (면/으면) 안 돼요.

1. 산에 쓰레기를 버리다

　　　가 : ＿＿＿＿＿＿＿＿＿ (아/어)도 돼요?

　　　나 : 아뇨, ＿＿＿＿＿＿＿＿＿ (면/으면) 안 돼요.

2. 미술관에서 사진을 찍다

　　　가 : ＿＿＿＿＿＿＿＿＿ (아/어)도 돼요?

　　　나 : 아뇨, ＿＿＿＿＿＿＿＿＿ (면/으면) 안 돼요.

3. 술을 마시고 운전하다

　　　가 : ＿＿＿＿＿＿＿＿＿ (아/어)도 돼요?

　　　나 : 아뇨, ＿＿＿＿＿＿＿＿＿ (면/으면) 안 돼요.

4. 지하철에서 통화하다

　　　가 : ＿＿＿＿＿＿＿＿＿ (아/어)도 돼요?

　　　나 : 아뇨, ＿＿＿＿＿＿＿＿＿ (면/으면) 안 돼요.

5. 시험중에 전자 사전을 사용하다

　　　가 : ＿＿＿＿＿＿＿＿＿ (아/어)도 돼요?

　　　나 : 아뇨, ＿＿＿＿＿＿＿＿＿ (면/으면) 안 돼요.

学科・年	学籍番号	氏名	評価

▌ 例のように、「- 겠어요…します、…でしょう」を使い、文を完成してみましょう。

> 저는 한국에서 취직하다 ➡ 저는 한국에서 <u>취직하겠어요.</u>

1. 내년에 다시 한국에 오다 ....

2. 오후에 전화하다 ....

3. 내일은 춥다 ....

4. 비빔밥을 먹다 ....

5. 도서관 앞에서 기다리다 ....

6. 주말에 눈이 오다 ....

7. 한국 소설을 읽다 ....

8. 집에서 단어를 외우다 ....

9. 넷플릭스에서 드라마를 보다 ....

10. 이 옷을 사다 ....

11. 나중에 전화하다 ....

12. 막걸리를 마시다 ....

13. 김치 찌개가 맵다 ....

14. 지하철이 빠르다 ....

15. 지하철역까지 걸어서 가다 ....

学科・年	学籍番号	氏名	評価

▌ 例のように、「- 에게…（人）に」を使い、文を完成してみましょう。

> 일본 사람 / 한국어를 가르쳐요 ➡ 일본 사람에게 한국어를 가르쳐요.

1. 부모님 / 무슨 선물을 보냈어요? ....

2. 누구 / 골프 배워요? ....

3. 고등학생 / 영어를 가르쳐요 ....

4. 언니 / 소포를 보냈어요 ....

5. 누구 / 그 이야기를 들었어요? ....

▌ 例のように、「- 한테서…（人）から」を使い、質問して答えてみましょう。

> 가 : 누구한테서 이 꽃을 받았어요? (남자 친구)
>
> 나 : 남자 친구한테서 받았어요.

1. 가 : 누구한테서 전화가 왔어요? (부모님)

  나 : ....

2. 가 : 누구한테서 이메일이 왔어요? (한국 친구)

  나 : ....

3. 가 : 누구한테서 초콜릿을 받았어요? (여자 친구)

  나 : ....

4. 가 : 누구한테서 한국어를 배워요? (장리화 선생님)

  나 : ....

学科・年	学籍番号	氏名	評価

▌ 用言＋「- ㄹ / 을 수 있다 , - ㄹ / 을 수 없다」の練習

	単語	意味	-ㄹ/을 수 있어요	-ㄹ/을 수 없어요
1	타다			
2	켜다			
3	만들다			
4	알다			
5	듣다			
6	돕다			

▌ 例のように、質問して答えてみよう。

> 가 : 자전거를 탈 수 있어요?
>
> 나 : 아뇨, 탈 수 없어요.

1. 가 : 한국 신문을 읽을 수 있어요?

   나 : 아뇨, ...:

2. 가 : 기타를 칠 수 있어요?

   나 : 아뇨, ...:

3. 가 : 운전할 수 있어요?

   나 : 아뇨, ...:

▌例のように、「‐기 때문에…으로、…부터」を使い、質問して答えてみましょう。

> 가 : 왜 주말에 시간이 없어요? (다음 주부터 시험을 보다)
>
> 나 : 다음 주부터 <u>시험을 보기 때문에</u> 시간이 없어요.

1. 가 : 왜 지하철을 타요? (지하철이 편리하다)

   나 : ....

2. 가 : 왜 일요일에 만날 수 없어요? (수업 발표 준비를 하다)

   나 : ....

3. 가 : 왜 동대문 시장에 가요? (옷이 예쁘다)

   나 : ....

4. 가 : 왜 오늘은 일찍 집에 가요? (피곤하다)

   나 : ....

学科・年	学籍番号	氏名	評価

▌例のように、「- 지 못하다 / 못 - …できない」を使い、質問して答えてみよう。

> 가 : 피아노를 칠 수 있어요?
>
> 나 : 아뇨, 피아노를 <u>치지 못해요 / 못 쳐요.</u>

1. 가 : 생선회를 먹을 수 있어요?

   나 : 아뇨, ...:

2. 가 : 이번 일요일에 등산을 갈 수 있어요?

   나 : 아뇨, ...:

3. 가 : 주말에 운동할 수 있어요?

   나 : 아뇨, ...:

4. 가 : 여기에서 사진을 찍을 수 있어요?

   나 : 아뇨, ...:

5. 가 : 3시까지 사무실로 올 수 있어요?

   나 : 아뇨, ...:

6. 가 : 창문을 열 수 있어요?

   나 : 아뇨, ...:

7. 가 : 김치 찌개를 만들 수 있어요?

   나 : 아뇨, ...:

学科・年	学籍番号	氏名	評価

◆例のように、「‐ㄹ/을게요 …します」を使い、文を完成してみましょう。

내일 가다 ➡ 내일 <u>갈게요.</u>

1. 지금은 바빠서 나중에 다시 전화하다 ....

2. 오늘은 피곤해서 일찍 자다 ....

3. 콘서트 티켓을 예약하다 ....

4. 이번 주말에 떡볶이를 만들다 ....

5. 도서관에서 리포트를 쓰다 ....

6. 여름방학 때 어학연수를 가다 ....

7. 주말에 머리를 자르다 ....

8. 친구들에게 물어보다 ....

9. 이번 주에 소포를 보내다 ....

10. 도서관에서 책을 빌리다 ....

11. 야경 사진을 찍다 ....

12. 유람선을 타다 ....

13. 해수욕장에서 수영하다 ....

14. 집에 일찍 돌아오다 ....

15. 노트북을 가져가다 ....

学科・年	学籍番号	氏名	評価

▌例のように、「- ㄴ / 은 지…してから」を使い、質問して答えてみましょう。

> **가** : 언제 한국에 유학왔어요?
>
> **나** : 한국에 <u>유학온 지</u> 벌써 1년이 됐어요.

1. 가 : 언제부터 기숙사에서 살았어요?

   나 : 기숙사에서 .... 6개월이 넘었어요.

2. 가 : 언제 K-POP콘서트에 갔어요?

   나 : 콘서트에 .... 2년이 지났어요.

3. 가 : 언제 그 소설을 읽었어요?

   나 : 이 소설을 .... 3년이 돼요.

4. 가 : 언제 점심을 먹었어요?

   나 : 점심을 .... 2시간이 지났어요.

5. 가 : 언제 이 자료를 찾았어요?

   나 : 자료를 .... 1시간이 지났어요.

学科・年	学籍番号	氏名	評価

▌ 用言＋「- ㄹ / 을 때 , - 았을 때 /- 었을 때」の練習

	単語	意味	-ㄹ/을 때	-았을 때/-었을 때
1	타다			
2	켜다			
3	예쁘다			
4	알다			
5	듣다			
6	돕다			

▌ 次の会話で適切なものに、○を付けましょう。

1. 가 : 카린 씨는 언제 머리가 가장 길었어요?

   나 : (유치원 때, 유치원 다녔을 때) 가장 길었어요.

2. 가 : 수민 씨는 언제 가장 행복했어요?

   나 : 대학교에 (합격할 때, 합격했을 때) 가장 행복했어요.

3. 가 : 지금 전화통화 할 수 있어요?

   나 : 미안해요. 조금 바빠서 내일 시간(있을 때, 있었을 때) 전화할게요.

4. 가 : 언제 도착하세요?

   나 : 서울역에서 (출발할 때, 출발했을 때) 카톡할게요.

読解編

学科・年	学籍番号	氏名	評価

 ## 次の文章を読んで質問に答えましょう。

> 안녕하세요?
>
> 저는 카린입니다.
>
> 저는 일본 사람입니다.
>
> 예술대학교 학생입니다.
>
> 전공은 만화입니다.
>
> 만나서 반갑습니다.
>
> 앞으로 잘 부탁합니다.

1. 카린 씨는 한국 사람입니다.　　네 ....　　　아니요 ....

2. 카린 씨는 만화를 공부합니다.　네 ....　　　아니요 ....

3. 위의 예문을 참고하여 자신을 소개하는 글을 써 보세요.

안녕하세요?

저는 ....

....

....

앞으로 ....

次の文章を読んで質問に答えましょう。

> 카린 씨는 일본 유학생입니다. 가나 대학교에서 한국어를 공부합니다.
>
> 한국 생활은 즐겁습니다. 한국 음식도 맛있습니다. 순두부 찌개를 좋아합니다. 가나 문화센터에는 화요일에 요리 수업이 있습니다. 거기서 한국 요리를 배웁니다. 한국 요리 시간은 재미있습니다.
>
> 그리고 금요일에는 대학교 한국 노래 동아리 모임에서 한국 노래를 배웁니다. 노래 동아리 시간은 즐겁습니다.

1. 카린 씨는 한국 생활이 어렵습니다.　　네 ………　　아니요 ………

2. 노래 동아리 모임은 수요일입니다.　　네 ………　　아니요 ………

3. 카린 씨는 무슨 한국 요리를 좋아합니까?

....

4. 무슨 요일에 한국 요리 수업이 있습니까?

....

5. 노래 동아리에서 무슨 노래를 배웁니까?

....

次の文章を読んで質問に答えましょう。

> 저 건물 1층은 우체국입니다. 지하 1층에 전철역이 있습니다. 전철역 옆에 꽃집이 있습니다.
>
> 2층에 국제회관과 여행사가 있습니다. 그리고 3층에 레스토랑과 카페가 있습니다. 4층에 영화관이 있습니다.
>
> 우체국 맞은편에 시청이 있습니다. 시청 24층에 전망대가 있습니다. 시내가 한눈에 보입니다. 산과 바다도 보입니다. 아름답습니다.

1. 우체국에 전망대가 있습니다.　　네 ....　　아니요 ....

2. 4층에 여행사가 있습니다.　　네 ....　　아니요 ....

3. 꽃집은 어디에 있습니까?

....

4. 전망대는 어디에 있습니까?

....

5. 시청은 어디에 있습니까?

....

学科・年	学籍番号	氏名	評価

 次の文章を読んで質問に答えましょう。

> 카린 씨는 아침 6시에 일어납니다. 그리고 세수합니다. 7시에 아침을 먹습니다. 8시에 뉴스를 봅니다. 그리고 9시까지 학교에 갑니다. 9시부터 12시까지 한국어를 배웁니다. 12시부터 1시까지 점심 시간입니다. 학생 식당에서 점심을 먹습니다. 1시부터 3시까지 한국어 도우미를 만납니다. 한국어 도우미가 한국어 숙제를 도와줍니다. 7시에 집에 돌아옵니다. 8시에 저녁을 먹습니다. 10시에 샤워를 합니다. 그리고 보통 11시에 잡니다.

1. 카린 씨는 7시에 일어납니다.　　　네 ....　　아니요 ....

2. 카린 씨는 한국어 선생님입니다.　　네 ....　　아니요 ....

3. 위의 예문을 참고하여 자신의 하루 일과를 써 보세요.

저는..

....

....

....

....

次の文章を読んで質問に答えましょう。

> 카린 씨는 어제 친구를 만났어요. 친구하고 같이 동대문에 갔어요.
>
> 동대문에서 원피스와 화장품을 샀어요. 원피스가 마음에 들었어요.
>
> 그 원피스는 39,000원이었습니다.
>
> 그리고 경복궁을 구경했어요. 경복궁을 구경하기 전에 한복을 빌려서 입었습니다.
>
> 그리고 친구와 함께 저녁 식사를 했습니다.
>
> 시청 낙지 전골 전문점에서 낙지 전골을 먹었습니다. 처음 먹었습니다.
>
> 정말 맛있었습니다.

1. 카린 씨는 내일 친구를 만납니다.　　　　　네 ....　　아니요 ....

2. 카린 씨는 친구와 함께 한국 음식을 먹었습니다.　　네 ....　　아니요 ....

3. 카린 씨는 어제 어디에 갔습니까?

① ....

② ....

③ ....

学科・年	学籍番号	氏名	評価

 次の文章を読んで質問に答えましょう。

> 카린 씨는 한국 여행을 아주 좋아해요. 그리고 한국 노래도 아주 좋아해요. 그래서 서울에 자주 가요. 항상 비행기 표와 호텔은 인터넷에서 예약해요. 지금 검색하는 중이에요. 이번 주말에도 한국에 갈 거예요. K-POP콘서트가 있어요. 올림픽공원에서 있어요. 발라드, 락, 댄스 모두 좋아해요. 그래서 친구들과 같이 노래방에서 한국 노래도 자주 불러요. 이번 여행에서는 한국 음식도 많이 먹고 쇼핑도 하고 싶어요. 서울 여행은 항상 재미있어요.

1. 카린 씨는 호텔을 인터넷에서 예약합니다.　　네 ....　　아니요 ....

2. 금요일에 서울에 갑니다.　　네 ....　　아니요 ....

3. 위의 예문을 참고하여 【여행으로 어디, 언제, 무엇을 하고 싶어요?】 글을 써 보세요.

....

....

....

....

....

....

次の文章を読んで質問に答えましょう。

> 부산은 해운대 바다가 유명해요. 거기는 해수욕장도 유명해요. 그래서 여름에 많은
>
> 사람들이 휴가를 와요.
>
> 서울에서 부산까지 KTX로 약 2시간 30분 정도 걸려요.
>
> 부산역에서 해운대까지 지하철로 가려고 해요. 해운대까지 50분쯤 걸려요.
>
> 해운대 해수욕장에서 사진을 찍어 보고 싶어요. 그리고 수영도 하고 싶어요.

1. 서울에서 부산까지 지하철로 50분 정도 걸립니다.   네 ....   아니요 ....

2. 부산은 해운대가 유명합니다.   네 ....   아니요 ....

3. 위의 예문을 참고하여 【여름 휴가지는 어디, 왜, 무엇이 유명합니까?】 글을 써 보세요.

....

....

....

....

....

....

....

学科・年	学籍番号	氏名	評価

 ## 次の文章を読んで質問に答えましょう。

카린 씨는 여름 방학에 친구들이랑 전주에 여행 가기로 했어요.

그리고 전주비빔밥도 알려져 있어요. 그래서 한옥 마을을 구경하고 그곳에서 한지 공예를 체험하기로 했어요. 전주는 한옥 마을이 유명해요. 그리고 한옥은 기와로 지었어요.

그리고 한국의 전통 온돌방도 체험하기로 했어요. 그래서 숙소는 한옥 마을에서 묵기로 했어요.

1. 전주는 한옥 마을이 알려져 있어요. 　　네 .... 　　아니요 ....

2. 카린 씨는 한지 공예를 체험하기로 했어요. 　　네 .... 　　아니요 ....

3. 전주는 무엇이 유명해요?

....

4. 어디에서 묵기로 했어요?

....

5. 카린 씨는 무엇을 체험하기로 했어요?

....

学科・年	学籍番号	氏名	評価

 次の文章を読んで質問に答えましょう。

이번 주 일요일은 친구 생일이에요. 그래서 오늘 오후에 쇼핑몰에 가서 선물을 사야 해요. 쇼핑몰은 수민 씨를 만나서 같이 갈 거예요. 지하철역 3번 출구에서 만나기로 했어요. 쇼핑몰에는 옷, 화장품, 가방, 액세서리 등 여러 가지 물건이 있어요. 저는 친구 생일 선물로 화장품 가게에서 화장품을 살 거예요. 수민 씨와 함께 선물을 사고 저녁도 같이 먹을 거예요. 저녁은 김치 찌개를 먹기로 했어요. 김치 찌개는 맵지만 맛있어요.

1. 친구 생일은 다음 주예요.　　　　　네 ....　　　아니요 ....

2. 카린 씨는 액세서리를 좋아해요.　　네 ....　　　아니요 ....

3. 카린 씨는 수민 씨와 저녁에 뭘 먹어요?

....

4. 생일 선물은 뭘 사요?

....

5. 카린 씨와 수민 씨는 어디에서 만나기로 했어요?

....

学科・年	学籍番号	氏名	評価

 次の文章を読んで質問に答えましょう。

카린 씨는 일본 사람이에요. 요리를 좋아해요. 한국 음식에도 관심이 많아요. 그래서 수업이 끝난 후에 가나 문화센터에서 한국 요리를 배웠어요. 여러 가지 한국 음식을 잘 만들어요. 그리고 일본 음식도 잘 만들어요. 한국에 오기 전에 요리 학원에서 여러 가지 음식을 배웠어요. 그래서 시간이 있으면 집에 친구들을 초대해서 일본 요리를 자주 만들어요. 오늘도 친구들과 일본 요리를 하기로 했어요.

특히 친구들은 우동과 돈까스를 좋아해요. 그래서 한국어 수업이 끝나면 시장을 보러 가야 해요.

1. 카린 씨는 요리를 안 좋아해요.　　　네 …………　　아니요 …………

2. 친구들은 우동을 좋아해요.　　　　네 …………　　아니요 …………

3. 카린 씨는 어디에서 한국 요리를 배웠어요?

....

4. 언제 친구들을 집에 초대해요?

....

5. 카린 씨는 시장에 왜 가요?

....

学科・年	学籍番号	氏名	評価

 次の文章を読んで質問に答えましょう。

> 12월 13일 금요일에 고등학교 동창 모임이 있어요. 고등학교를 졸업한 지 20년 만에 모이기로 했어요. 담임 선생님도 오시기로 했어요. 모임 장소는 학교 정문 앞에 있는 가나식당이에요. 졸업생 30명쯤 올 거예요. 친구들이 모두 바빠서 제가 장소를 예약하기로 했어요. 개인실을 예약하고 싶었어요. 하지만 개인실이 작아서 홀쪽으로 예약했어요. 2시간 정도 저녁 식사를 하고 노래방에도 갈 거예요. 그날이 기대돼요.

1. 담임 선생님은 안 오세요.　　　네 ....　　　아니요 ....

2. 개인실을 예약했어요.　　　네 ....　　　아니요 ....

3. 언제 고등학교 동창회가 있어요?

....

4. 어디에서 만나요?

....

5. 왜 홀쪽으로 예약했어요?

....

学科・年	学籍番号	氏名	評価

 ## 次の文章を読んで質問に答えましょう。

카린 씨의 취미는 댄스예요. 그래서 댄스 동아리에 등록했어요. 일주일에 3번씩 모여서 연습하고 있어요. 새로 나온 댄스 음악을 같이 듣고 유행하는 춤을 배워요. 그래서 텔레비전이나 유튜브에서 K-POP 아이돌의 춤과 노래를 자주 봐요. 멋진 옷을 입고 춤을 추는 가수들의 모습은 정말 멋있어요. 이번 가을 학교 축제 때 우리 댄스 동아리가 출연하기로 했어요. 요즘 유행하는 K-POP의 춤을 출 거예요. 그래서 요즘은 매일 연습하고 있어요. 열심히 연습해서 멋진 무대를 보여주고 싶어요.

1. 카린 씨는 KPOP동아리에 등록했어요. 　　네 ....　　아니요 ....

2. 일주일에 한 번 연습해요. 　　네 ....　　아니요 ....

3. 위의 예문을 참고하여 【나의 취미에 대해서】 글을 써 보세요.

....

....

....

....

....

....

学科・年	学籍番号	氏名	評価

 ## 次の文章を読んで質問に答えましょう。

카린 씨는 지난 주 일요일에 한국어 선생님댁 집들이에 갔다왔어요. 선생님께서 새 아파트로 이사하셔서 우리 반 학생들을 초대해 주셨습니다. 한국에서는 새로운 집으로 이사하면 가족이나 친구들을 초대해서 축하하는 것을 집들이라고 해요. 그리고 집들이를 갈 때 보통 화장지나 티슈, 세탁용 세제 등을 선물로 가져간다고 해요. 왜냐하면 새로운 생활에 필요한 일용품이고 세제 거품처럼 재산을 많이 늘리라는 소망이 담겨져 있기 때문이라고 해요. 우리도 선생님댁 집들이 선물로 티슈와 세제를 준비했어요. 선생님께서는 여러 가지 한국 음식을 만들어 주셨어요. 정말 맛있었어요.

1. 카린 씨는 집들이를 했어요. 　　　　네 .... 　　아니요 ....

2. 집들이 선물은 화장지나 세제가 좋아요. 　　네 .... 　　아니요 ....

3. 여러분의 나라에도 집들이가 있나요? 만약 새로운 집에 초대받아 갈 때 어떤 선물을 준비하나요? 【집들이나 초대 선물에 대해서】 글을 써 보세요.

....

....

....

....

....

学科・年	学籍番号	氏名	評価

 ## 次の文章を読んで質問に答えましょう。

> 카린 씨는 작년에 한국에 왔어요. 가나 대학교 어학당에서 한국말을 공부하고 있어요. 보통 학교까지는 지하철을 타요. 집에서 학교까지 40분쯤 걸려요. 서울은 지하철이 편리해요. 그리고 아직 길을 잘 모르기 때문에 버스는 타지 않아요. 한국의 지하철은 서울과 경기도, 대구, 부산, 광주, 대전에도 있어요. 지하철을 탈 때는 교통카드를 사용하고 있어요. 교통카드를 사용하면 현금으로 지불하는 것보다 좋은 점이 많아요. 예를 들면 버스나 지하철을 갈아 탔을 때 요금이 무료이거나 할인이 돼요. 교통카드는 지하철역이나 편의점 등에서 살 수 있어요.

1. 카린 씨는 올해 한국에 왔어요. 네 .... 아니요 ....

2. 한국어를 배워요. 네 .... 아니요 ....

3. 서울 이외 지하철은 어디에 있어요?

....

4. 지하철을 탈 때 뭐가 있으면 편리해요?

....

5. 교통카드를 사용하면 왜 좋아요?

....

6. 교통카드는 어디에서 살 수 있어요?

....

学科・年	学籍番号	氏名	評価

 次の文章を読んで質問に答えましょう。

여의도

여의도를 소개하겠습니다. 여의도는 지하철 5호선을 타고 여의도역이나 여의나루역에서 내리면 됩니다. 여의도에는 63빌딩이 있습니다. 그 건물 안에는 전망대와 수족관이 있기 때문에 인기가 많습니다. 그리고 여의도 공원과 KBS방속국, 국회의사당도 있습니다. 특히 유람선도 탈 수 있어 밤에 한강의 멋진 야경을 볼 수 있습니다. 한강은 조깅하는 사람들도 많이 있습니다. 그리고 한강 주변에는 카페가 있기 때문에 차도 마실 수 있습니다.

---

1. 여의도는 지하철 5호선이 가요.　　　네 ....　　　아니요 ....

2. 여의도에 방속국이 있어요.　　　　　네 ....　　　아니요 ....

3. 여의도는 어느 역에서 내려요?

....

4. 여의도에는 무엇이 있어요?

....

5. 여의도에서 무엇을 할 수 있어요?

....

6. 63빌딩은 왜 인기가 많아요?

....

練習広場

p.2

	単語	意味	N＋는/은
1	저	私	서는
2	선생님	先生	선생님은
3	책상	机	책상은
4	카린 씨	カリンさん	카린 씨는
5	영화 배우	映画俳優	영화 배우는
6	책	本	책은
7	학생	学生	학생은
8	책장	本棚	책장은
9	컴퓨터	コンピューター	컴퓨터는
10	쓰레기통	ゴミ箱	쓰레기통은
11	사진	写真	사진은
12	앨범	アルバム	앨범은
13	학교	学校	학교는
14	집	家	집은
15	필통	筆箱	필통은

p.3

	単語	意味	N＋입니다	N＋입니까?	N＋가/이 아닙니다
1	스마트폰	スマートフォン	스마트폰입니다	스마트폰입니까?	스마트폰이 아닙니다
2	의자	椅子	의자입니다	의자입니까?	의자가 아닙니다
3	한국어 책	韓国語の本	한국어 책입니다	한국어 책입니까?	한국어 책이 아닙니다
4	회사원	会社員	회사원입니다	회사원입니까?	회사원이 아닙니다
5	가방	カバン	가방입니다	가방입니까?	가방이 아닙니다
6	공책	ノート	공책입니다	공책입니까?	공책이 아닙니다

7	전화	電話	전화입니다	전화입니까?	전화가 아닙니다
8	연필	鉛筆	연필입니다	연필입니까?	연필이 아닙니다
9	사전	辞書	사전입니다	사전입니까?	사전이 아닙니다
10	약사	薬剤師	약사입니다	약사입니까?	약사가 아닙니다
11	간호사	看護師	간호사입니다	간호사입니까?	간호사가 아닙니다
12	의사	医者	의사입니다	의사입니까?	의사가 아닙니다
13	한국 사람	韓国人	한국 사람입니다	한국 사람입니까?	한국 사람이 아닙니다
14	일본 사람	日本人	일본 사람입니다	일본 사람입니까?	일본 사람이 아닙니다
15	중국 사람	中国人	중국 사람입니다	중국 사람입니까?	중국 사람이 아닙니다

p.4

	単語	意味	N＋가/이
1	교회	教会	교회가
2	은행	銀行	은행이
3	학교	学校	학교가
4	편의점	コンビニ	편의점이
5	공원	公園	공원이
6	영화관	映画館	영화관이
7	소파	ソファー	소파가

p.4

1. 은행(가 / 이) 있습니다.

　訳：銀行があります。

2. 학교(가 / 이) 있습니까?

　訳：学校がありますか。

3. 편의점(가 / 이) 있습니다.

　訳：コンビニがあります。

4. 공원(가 / 이) 없습니다.

　訳：公園がありません。

5. 영화관 (가 / 이) 없습니까?

　訳：映画館がありませんか。

p.5

	単語	意味
1	앞	前
2	뒤	後ろ
3	안/속	中
4	밖	外
5	위	上
6	아래/밑	下 / 底
7	오른쪽	右
8	왼쪽	左
9	옆	横
10	사이	間

p.5

1. 가 : 근처에 (화장실) 가/이 있습니까?
　　나 : 네, (서점 안) 에 있습니다.
2. 가 : 근처에 (도서관) 가/이 있습니까?
　　나 : 네, (병원 옆) 에 있습니다.
3. 가 : 근처에 (편의점) 가/이 있습니까?
　　나 : 네, (우체국 앞) 에 있습니다.
4. 가 : 근처에 (지하철역) 가/이 있습니까?
　　나 : 네, (은행 뒤) 에 있습니다.

p.6

	単語	意味
1	이	この
2	그	その
3	저	あの
4	이것	これ
5	그것	それ

6	저것	あれ
7	여기	ここ
8	거기	そこ
9	저기	あそこ
10	이건	これは
11	그건	それは
12	저건	あれは
13	이게	これが
14	그게	それが

p.7

1. 가 : (그것) 가/이 무엇입니까?

   나 : (책상) 입니다.

2. 가 : (이것) 가/이 무엇입니까?

   나 : (텔레비전) 입니다.

3. 가 : (이것) 가/이 무엇입니까?

   나 : (불고기) 입니다.

4. 가 : (저것) 가/이 무엇입니까?

   나 : (사전) 입니다.

5. 가 : (그것) 가/이 무엇입니까?

   나 : (볼펜) 입니다.

p.7

1. 가 : (그것) 이 무엇입니까?

   나 : (사전) 입니다.

   가 : 어디에 있습니까?

   나 : (책상 위) 에 있습니다.

2. 가 : (이것) 이 무엇입니까?

   나 : (한국어 책) 입니다.

   가 : 어디에 있습니까?

   나 : (가방 안) 에 있습니다.

3. 가 : (이것) 이 무엇입니까?

　나 : (곰인형) 입니다.

　가 : 어디에 있습니까?

　나 : (침대 위) 에 있습니다.

4. 가 : (저 건물) 이 무엇입니까?

　나 : (도서관) 입니다.

　가 : 어디에 있습니까?

　나 : (학생 식당 옆) 에 있습니다.

5. 가 : (그것) 이 무엇입니까?

　나 : (볼펜) 입니다.

　가 : 어디에 있습니까?

　나 : (테이블 위) 에 있습니다.

p.8

	単語	意味	N＋과/와	N＋하고
1	의자	椅子	의자와	의자하고
2	가방	カバン	가방과	가방하고
3	소파	ソファー	소파와	소파하고
4	텔레비전	テレビ	텔레비전과	텔레비전하고
5	과자	お菓子	과자와	과자하고
6	라면	ラーメン	라면과	라면하고
7	김밥	海苔巻き	김밥과	김밥하고

p.8

1. 책상(과 /와) 테이블이 있습니다.

　訳：机とテーブルがあります。

2. 침대(과 /와) 소파가 있습니까?

　訳：ベットとソファーがありますか。

3. 라면(과 /와) 김밥이 있습니다.

　訳：ラーメンと海苔巻きがあります。

4. 지우개(과 /와) 연필이 없습니다.

訳：消しゴムと鉛筆がありません。

5. 의자(과 /와) 컴퓨터가 없습니까?

訳：椅子とコンピューターがありませんか。

p.9

	単語	意味	-ㅂ니다/-습니다	-ㅂ니까?/-습니까?
1	가다	行く	갑니다	갑니까?
2	오다	来る	옵니다	옵니까?
3	비싸다	（値段）高い	비쌉니다	비쌉니까?
4	타다	乗る	탑니다	탑니까?
5	싸다	安い	쌉니다	쌉니까?
6	만나다	会う	만납니다	만납니까?
7	보다	見る	봅니다	봅니까?
8	마시다	飲む	마십니다	마십니까?
9	놀다	遊ぶ	놉니다	놉니까?
10	알다	知る	압니다	압니까?
11	만들다	作る	만듭니다	만듭니까?
12	입다	着る	입습니다	입습니까?
13	읽다	読む	읽습니다	읽습니까?
14	맛있다	美味しい	맛있습니다	맛있습니까?
15	먹다	食べる	먹습니다	먹습니까?

p.10

	単語	意味	-ㅂ니다/-습니다	-ㅂ니까?/-습니까?
16	기다리다	待つ	기다립니다	기다립니까?
17	펴다	広げる	폅니다	폅니까?
18	내다	出す	냅니다	냅니까?
19	길다	長い	깁니다	깁니까?
20	멀다	遠い	멉니다	멉니까?

21	듣다	聞く	듣습니다	듣습니까?
22	잘하다	上手だ	잘합니다	잘합니까?
23	쇼핑하다	ショッピングする	쇼핑합니다	쇼핑합니까?
24	운동하다	運動する	운동합니다	운동합니까
25	공부하다	勉強する	공부합니다	공부합니까?
26	재미있다	面白い	재미있습니다	재미있습니까?
27	재미없다	つまらない	재미없습니다	재미없습니까?
28	크다	大きい	큽니다	큽니까?
29	작다	小さい	작습니다	작습니까?
30	자다	寝る	잡니다	잡니까?

p.11

1. 책(를 / 을) 읽습니다.　　　　　訳：本を読みます。

2. 옷(를 / 을) 입습니다.　　　　　　訳：服を着ります。

3. 커피(를 / 을) 마십니다.　　　　　訳：コーヒーを飲みます。

4. 친구(를 / 을) 기다립니까?　　　　訳：友達を待ちますか。

5. 한국어(를 / 을) 공부합니까?　　　訳：韓国語を勉強しますか。

p.11

1. 도서관에서 책을 읽습니다.

2. 스포츠 센터에서 운동합니다.

3. 커피숍에서 친구를 만납니다.

p.12

		単語	意味
	1	일	一
	2	이	二
	3	삼	三
	4	사	四
	5	오	五

6	육	六
7	칠	七
8	팔	八
9	구	九
10	십	十
11	영/공	ゼロ
12	백	百
13	천	千
14	만	万
15	억	億

p.13

	単語	意味
1	-년	-年
2	-월	-月
3	-일	-日
4	-원	ーウォン
5	-층	-階
6	-분	-分
7	-번	-番

p.13

1. 공육-사오육-구공팔칠
2. 공삼-이사팔구-일구육오
3. 공구공-팔삼오칠-일삼칠사
4. 사십육분
5. 삼층

p.14

1. 이천육백 원입니다.
2. 만 구천 원입니다.
3. 삼만 사천 원입니다.
4. 십이만 삼천육백 원입니다.
5. 사십칠만 육천오백 원입니다.

p.14

1. 유월 이십오일입니다.
2. 시월 구일입니다.
3. 십일월 십육일입니다.
4. 십이월 십삼일입니다.
5. 일월 일일입니다.

p.15

	単語	意味	N＋예요/이에요
1	책상	机	책상이에요.
2	가방	カバン	가방이에요.
3	볼펜	ボールペン	볼펜이에요.
4	필통	筆箱	필통이에요.
5	불고기	プルゴギ	불고기예요.
6	잡채	チャプチェ	잡채예요.
7	떡볶이	トッポキ	떡볶이예요.
8	도서관	図書館	도서관이에요.
9	여기	ここ	여기예요.
10	책	本	책이에요.
11	의자	椅子	의자예요.
12	집	家	집이에요.
13	텔레비전	テレビ	텔레비전이에요.
14	버스	バス	버스예요.
15	지하철	地下鉄	지하철이에요.

p.16

	単語	意味	N＋세요/으세요
1	가다	行く	가세요
2	오다	来る	오세요
3	만들다	作る	만드세요
4	열다	開ける	여세요
5	놀다	遊ぶ	노세요
6	앉다	座る	앉으세요
7	읽다	読む	읽으세요

p.16

1. 십 층으로 가세요.

2. 숟가락으로 먹습니다.

3. 지하철로 옵니다.

p.17

	単語	意味	-아요/-어요	-아요?/-어요?
1	받다	もらう	받아요	받아요?
2	앉다	座る	앉아요	앉아요?
3	높다	高い	높아요	높아요?
4	놀다	遊ぶ	놀아요	놀아요?
5	알다	知る	알아요	알아요?
6	팔다	売る	팔아요	팔아요?
7	만들다	作る	만들어요	만들어요?
8	입다	着る	입어요	입어요?
9	맛있다	美味しい	맛있어요	맛있어요?
10	읽다	読む	읽어요	읽어요?
11	먹다	食べる	먹어요	먹어요?
12	찾다	探す	찾아요	찾아요?
13	없다	ない、いない	없어요	없어요?

14	있다	ある、いる	있어요	있어요?
15	믿다	信じる	믿어요	믿어요?

p.18

	単語	意味	-아요/-어요	-아요?/-어요?
1	가다	行く	가요	가요?
2	오다	来る	와요	와요?
3	만나다	会う	만나요	만나요?
4	사다	買う	사요	사요?
5	싸다	安い	싸요	싸요?
6	비싸다	（値段が）高い	비싸요	비싸요?
7	보다	見る	봐요	봐요?
8	서다	立つ	서요	서요?
9	펴다	広げる	펴요	펴요?
10	내다	出す	내요	내요?
11	세다	強い、数える	세요	세요?
12	배우다	習う	배워요	배워요?
13	마시다	飲む	마셔요	마셔요?
14	되다	～になる	돼요	돼요?
15	끝내다	終える	끝내요	끝내요?
16	일어서다	立ち上がる	일어서요	일어서요?
17	다니다	通う	다녀요	다녀요?
18	기다리다	待つ	기다려요	기다려요?
19	주다	あげる	줘요	줘요?
20	켜다	つける	켜요	켜요?

p.19

	単語	意味	-해요	-해요?
1	공부하다	勉強する	공부해요	공부해요?
2	사랑하다	愛する	사랑해요	사랑해요?

3	좋아하다	好む	좋아해요	좋아해요?
4	싫어하다	嫌いだ	싫어해요	싫어해요?
5	운동하다	運動する	운동해요	운동해요?
6	일하다	働く	일해요	일해요?
7	시작하다	始まる	시작해요	시작해요?
8	생각하다	考える	생각해요	생각해요?
9	미안하다	すまない	미안해요	미안해요?
10	말하다	話す	말해요	말해요?
11	숙제하다	宿題する	숙제해요	숙제해요?
12	요리하다	料理する	요리해요	요리해요?
13	수영하다	泳げる	수영해요	수영해요?
14	주문하다	注文する	주문해요	주문해요?
15	구경하다	見物する	구경해요	구경해요?

p.20

		単語	意味
	1	하나	一つ
	2	둘	二つ
	3	셋	三つ
	4	넷	四つ
	5	다섯	五つ
	6	여섯	六つ
	7	일곱	七つ
	8	여덟	八つ
	9	아홉	九つ
	10	열	十
	11	스물	20
	12	한	1
	13	두	2
	14	세	3
	15	네	4

p.21

	単語	意味
1	-개	– 個
2	-시	– 時
3	-시간	– 時間
4	-살	– 歳
5	-명	– 名
6	-병	– 本
7	-장	– 枚

p.21

1. 여덟 개
2. 스무 살
3. 여섯 명
4. 다섯 병
5. 열세 장

p.22

1. 두 시예요.
2. 네 시 삼십 분이에요.
3. 일곱 시 이십 분이에요.
4. 열한 시 십육 분이에요.
5. 열두 시 십삼 분이에요.

p.22

1. 화요일 열한 시부터 열두 시 사십 분까지 공부해요.
2. 목요일 한 시 이십 분부터 두 시 오십 분까지 공부해요.
3. 금요일 아홉 시부터 열 시 삼십 분까지 공부해요.

p.23

	単語		意味	V＋아 주세요/어 주세요
1	깎다		（値段を）切る	깎아 주세요.
2	빌리다		借りる	빌려 주세요.
3	읽다		読む	읽어 주세요.
4	앉다		座る	앉아 주세요.
5	오다		来る	와 주세요.
6	가다		行く	가 주세요.
7	보이다		見せる	보여 주세요.
8	말하다		話す	말해 주세요.
9	찍다		撮る	찍어 주세요.
10	가르치다		教える	가르쳐 주세요.
11	기다리다		待つ	기다려 주세요.
12	마시다		飲む	마셔 주세요.
13	보내다		送る	보내 주세요.
14	켜다		つける	켜 주세요.
15	닫다		閉める	닫아 주세요.

p.24

1. 키가 크고 머리가 길어요.

2. 오늘은 맑고 따뜻해요.

3. 가방이 싸고 좋아요.

4. 한국어는 쉽고 재미있어요.

5. 한국 드라마도 보고 영화도 봐요.

6. 잡지를 읽고 신문도 읽어요.

7. 시계를 사고 구두도 샀어요.

8. 밥을 먹고 커피를 마셔요.

9. 아침에 이를 닦고 세수해요.

10. 학교 식당은 싸고 맛있어요.

11. 친구는 공부하고 저는 게임을 했어요.

12. 한국의 가을은 시원하고 하늘이 맑아요.

13. 주말은 아르바이트를 하고 집에서 쉬어요.

14. 오빠는 회사원이고 언니는 대학생이에요.

15. 저는 축구를 좋아하고 동생은 마라톤을 좋아해요.

p.25

1. 아뇨, 안 읽어요.

2. 아뇨, 안 사요.

3. 아뇨, 운동 안 해요.

p.25

1. 아뇨, 만나지 않아요.

2. 아뇨, 공부하지 않아요.

3. 아뇨, 먹지 않아요.

p.26

	単語	意味	-았어요/-었어요	-았어요?/-었어요?
1	받다	もらう	받았어요	받았어요?
2	앉다	座る	앉았어요	앉았어요?
3	높다	高い	높았어요	높았어요?
4	놀다	遊ぶ	놀았어요	놀았어요?
5	알다	知る	알았어요	알았어요?
6	팔다	売る	팔았어요	팔았어요?
7	만들다	作る	만들었어요	만들었어요?
8	입다	着る	입었어요	입었어요?
9	맛있다	美味しい	맛있었어요	맛있었어요?
10	읽다	読む	읽었어요	읽었어요?
11	먹다	食べる	먹었어요	먹었어요?
12	찾다	探す	찾았어요	찾았어요?
13	없다	ない、いない	없었어요	없었어요?
14	있다	ある、いる	있었어요	있었어요?
15	믿다	信じる	믿었어요	믿었어요?

p.27

	単語	意味	-았어요/-었어요	-았어요?/-었어요?
1	가다	行く	갔어요	갔어요?
2	오다	来る	왔어요	왔어요?
3	만나다	会う	만났어요	만났어요?
4	사다	買う	샀어요	샀어요?
5	싸다	安い	쌌어요	쌌어요?
6	비싸다	（値段が）高い	비쌌어요	비쌌어요?
7	보다	見る	봤어요	봤어요?
8	서다	立つ	섰어요	섰어요?
9	펴다	広げる	폈어요	폈어요?
10	내다	出す	냈어요	냈어요?
11	세다	強い、数える	셌어요	셌어요?
12	배우다	習う	배웠어요	배웠어요?
13	마시다	飲む	마셨어요	마셨어요?
14	되다	～になる	됐어요	됐어요?
15	끝내다	終える	끝냈어요	끝냈어요?
16	일어서다	立ち上がる	일어섰어요	일어섰어요?
17	다니다	通う	다녔어요	다녔어요?
18	기다리다	待つ	기다렸어요	기다렸어요?
19	주다	あげる	줬어요	줬어요?
20	켜다	つける	켰어요	켰어요?

p.28

	単語	意味	-했어요	-했어요?
1	공부하다	勉強する	공부했어요	공부했어요?
2	사랑하다	愛する	사랑했어요	사랑했어요?
3	좋아하다	好む	좋아했어요	좋아했어요?
4	싫어하다	嫌いだ	싫어했어요	싫어했어요?
5	운동하다	運動する	운동했어요	운동했어요?

6	일하다	働く	일했어요	일했어요?
7	시작하다	始まる	시작했어요	시작했어요?
8	생각하다	考える	생각했어요	생각했어요?
9	미안하다	すまない	미안했어요	미안했어요?
10	말하다	話す	말했어요	말했어요?
11	숙제하다	宿題する	숙제했어요	숙제했어요?
12	요리하다	料理する	요리했어요	요리했어요?
13	수영하다	泳げる	수영했어요	수영했어요?
14	주문하다	注文する	주문했어요	주문했어요?
15	구경하다	見物する	구경했어요	구경했어요?

p.29

1. 몇 시에 만날까요?

2. 불고기를 만들까요?

3. 언제 여행을 갈까요?

4. 어디에서 점심을 먹을까요?

5. 택시를 탈까요?

p.29

1. 떡볶이를 만듭시다.

2. 서울에 같이 여행갑시다.

3. 학생식당에서 점심을 먹읍시다.

4. 영화관 앞에서 만납시다.

5. 저기서 사진을 찍읍시다.

p.30

1. 피아노를 치고 싶어요.

2. 아르바이트를 하고 싶어요.

3. 떡볶이를 먹고 싶어요.

4. 한국어를 잘하고 싶어요.

5. KPOP콘서트에 가고 싶어요.

6. 커피를 마시고 싶어요.

7. 한국 소설을 읽고 싶어요.

8. 리포트를 잘 쓰고 싶어요.

9. 화장품을 사고 싶어요.

10. 한국 음식을 만들고 싶어요.

11. 서울에서 살고 싶어요.

12. 친구를 만나고 싶어요.

13. 디즈니랜드에 가고 싶어요.

14. 한국 신문을 읽고 싶어요.

15. 액션 영화를 보고 싶어요.

p.31

1. 시간은 있지만 돈이 없어요.

2. 호텔은 시설은 좋지만 좀 비싸요.

3. 디자인은 멋지지만 불편해요.

4. 이 옷은 싸지만 너무 작아요.

5. 몸이 아프지만 학교에 가요.

p.31

1. 수업이 있지만 디즈니랜드에 가고 싶어요.

2. 돈이 없지만 유학하고 싶어요.

3. 시간이 없지만 아르바이트를 하고 싶어요.

4. 숙제가 많지만 영화를 보고 싶어요.

5. 시험이 있지만 자고 싶어요.

p.32

1. 밥을 먹은 후에 이를 닦아요.

2. 졸업한 후에 한국으로 유학가요.

3. 영화를 본 후에 뭐 할까요?

4. 책을 읽은 후에 리포트를 씁시다.

5. 수업이 끝난 후에 아르바이트를 해요.

6. 친구를 만난 후에 도서관에 갔어요.

7. 결혼한 후에 한국에 왔어요.

8. 준비운동을 한 후에 수영을 합시다.

9. 한강을 산책한 후에 카페에서 차를 마셔요.

10. 시험이 끝난 후에 USJ에서 놀았어요.

11. 숙제를 한 후에 온라인 게임을 해요.

12. 옷을 산 후에 영화를 봤어요.

13. 테니스를 친 후에 뭐 할까요?

14. 야구를 한 후에 온천에 갑시다.

15. 쇼핑한 후에 극장에 갈까요?

p.33

1. 노래방에서 노래를 부를 거예요.

2. 아리마 온천에 갈 거예요.

3. 가방을 살 거예요.

4. 롤러코스터를 탈 거예요.

5. USJ에서 놀 거예요.

6. 운전을 배울 거예요.

7. 동대문에서 쇼핑할 거예요.

8. KTX를 탈 거예요.

9. 집에서 숙제할 거예요.

10. 향수를 선물할 거예요.

11. 한국 소설책을 읽을 거예요.

12. 도서관에서 책을 빌릴 거예요.

13. 편의점에서 보낼 거예요.

14. 공원에서 산책할 거예요.

15. 호텔을 예약할 거예요.

p.34

1. 한국 요리를 만드는 중이에요.

2. 어머니하고 통화하는 중이에요.

3. 친구를 기다리는 중이에요.

4. 생일 파티를 준비하는 중이에요.

5. KPOP CD를 듣는 중이에요.

6. 호텔을 검색하는 중이에요.

7. 은행에서 돈을 찾는 중이에요.

8. 그림을 그리는 중이에요.

9. 웹사이트를 다운로드하는 중이에요.

10. 콘서트에 가는 중이에요.

11. 레스토랑을 예약하는 중이에요.

12. 친구와 영상통화하는 중이에요.

13. 디즈니랜드에서 노는 중이에요.

14. 머리를 자르는 중이에요.

15. 뉴스를 보는 중이에요.

p.35

1. 피자를 먹고 있어요.

2. 카페에서 아르바이트를 하고 있어요.

3. 남자 친구를 기다리고 있어요.

4. 한국 드라마를 보고 있어요.

5. 한국 노래를 듣고 있어요.

p.36

1. 아르바이트를 하려고 해요.

2. 옷과 신발을 사려고 해요.

3. 양념치킨을 먹으려고 해요.

4. 떡볶이를 만들려고 해요.

5. 도서관에서 리포트를 쓰려고 해요.

6. 집에서 청소하려고 해요.

7. 휴가에 미국여행을 가려고 해요.

8. 11시까지 도서관에서 공부하려고 해요.

9. 오토바이를 배우려고 해요.

10. 시골에서 살려고 해요.

11. 여권 사진을 찍으려고 해요.

12. 커피를 마시려고 해요.

13. 골프를 배우려고 해요.

14. 한국어 사전을 사려고 해요.

15. 주말에 테니스를 치려고 해요.

p.37

1. 순두부찌개를 한번 먹어 보세요.

2. 골프를 배워 보세요.

3. 여름방학에 전주에 가 보세요.

4. 막걸리를 마셔 보세요.

5. 한복을 한번 입어 보세요.

6. 한옥 마을에 묵어 보세요.

7. 쌈장에 찍어 먹어 보세요.

8. 국립박물관을 구경해 보세요.

9. 좀 쉬어 보세요.

10. 잡채를 만들어 보세요.

11. 해외 어학연수에 참가해 보세요.

12. 기념품을 선물해 보세요.

13. 자동차를 팔아 보세요.

14. 아르바이트를 시작해 보세요.

15. 배낭여행을 가 보세요.

p.38

1. 가 : 집에서 공항까지 시간이 얼마나 걸려요?

   나 : 1시간쯤 걸려요.

2. 가 : 오사카에서 서울까지 어떻게 가요?

　　나 : 비행기로 가요.

3. 가 : 후쿠오카에서 도쿄까지 어떻게 가요?

　　나 : 신칸센으로 가요.

4. 가 : 서울에서 제주도까지 비행기로 시간이 얼마나 걸려요?

　　나 : 1시간 정도 걸려요.

p.39

1. 생일 파티에 누구를 초대하기로 했어요.

2. 어느 학교에 다니기로 했어요.

3. 이메일을 보내기로 했어요.

4. 한국어 수업을 듣기로 했어요.

5. 내일 몇 시에 모이기로 했어요.

6. 도서관에서 전공서적을 읽기로 했어요.

7. 서울에서 살기로 했어요.

8. 운전학원에 다니기로 했어요.

9. 유학을 가기로 했어요.

10. 집들이 선물을 사기로 했어요.

11. 병원에 입원하기로 했어요.

12. 도쿄에 출장가기로 했어요.

13. 국제학회에 참석하기로 했어요.

14. 부산까지 배로 가기로 했어요.

15. 서울역에서 만나기로 했어요.

p.40

1. 가게 문이 열려 있어요.

2. 식당에 자리가 비어 있어요.

3. 접시에 음식이 남아 있어요.

4. 친구가 의자에 앉아 있어요.

5. 카린 씨가 버스정류장에 서 있어요.

6. 병원에 입원해 있어요.

7. 공원 벤치에 앉아 있어요.

8. 문이 잠겨 있어요.

9. 서울에 출장가 있어요.

10. 책상 위에 놓여 있어요.

11. 벚꽃이 펴 있어요.

12. 사과가 열려 있어요.

13. 교실에 학생이 남아 있어요.

p.41

1. 신발을 교환해야 돼요.

2. 병원에 가야 돼요.

3. 선물을 사야 돼요.

4. 여권 사진을 찍어야 돼요.

5. 호텔을 예약해야 돼요.

6. 종로3가역에서 갈아타야 돼요.

7. 공항에 부모님을 마중가야 돼요.

8. 초대권을 보내야 돼요.

9. 콘서트 티켓을 예매해야 돼요.

10. 운전 면허를 따야 돼요.

11. 세뱃돈을 줘야 돼요.

12. 커튼을 바꿔야 돼요.

13. 선생님을 도와야 돼요.

14. 등산화를 신어야 돼요.

15. 기말시험 공부를 해야 돼요.

p.42

1. 머리가 아파서 약을 먹었어요.

2. 영화가 슬퍼서 많이 울었어요.

3. 카린 씨를 만나서 같이 가기로 했어요.

4. 한국에 유학와서 남자 친구를 만났어요.

5. 아침에 일어나서 제일 먼저 물을 마셔요.

6. 배가 고파서 햄버거를 먹어요.

7. 시험이 있어서 도서관에서 공부해요.

8. 여자 친구 생일이어서 선물을 샀어요.

9. 감기에 걸려서 병원에 가요.

10. 영화가 재미없어서 잠이 들었어요.

11. 이 노래가 좋아서 계속 듣고 있어요.

12. 값이 싸서 그 양말을 다 샀어요.

13. 고전이 어려워서 읽고 싶지 않아요.

14. 친구가 이사해서 도와줬어요.

15. 불고기가 유명해서 항상 손님들이 많아요.

p.43

	単語	意味	-아/어요	-았/었어요	-아/어서
1	어렵다	難しい	어려워요	어려웠어요	어려워서
2	쉽다	易しい	쉬워요	쉬웠어요	쉬어서
3	맵다	辛い	매워요	매웠어요	매워서
4	싱겁다	(味が) 薄い	싱거워요	싱거웠어요	싱거워서
5	즐겁다	楽しい	즐거워요	즐거웠어요	즐거워서
6	가깝다	近い	가까워요	가까웠어요	가까워서
7	반갑다	うれしい	반가워요	반가웠어요	반가워서
8	돕다	手伝い	도와요	도왔어요	도와서

p.43

1. 쉬웠어요.

2. 매워서

3. 가까워요.

p.44

	単語	意味	-아/어요	-았/었어요	-아/어서
1	듣다	聞く	들어요	들었어요	들어서
2	걷다	歩く	걸어요	걸었어요	걸어서

3	묻다	携わる	물어요	물었어요	물어서
4	알아듣다	聞き分かる	알아들어요	알아들었어요	알아들어서
5	*닫다	閉める	닫아요	닫았어요	닫아서
6	*받다	もらう	받아요	받았어요	받아서
7	*믿다	信じる	믿어요	믿었어요	믿어서
8	*얻다	得る	얻어요	얻었어요	얻어서

p.44

1. 닫았어요

2. 들었어요

3. 받았어요

p.45

	単語	意味	-아/어요	-았/었어요	-아/어서
1	쓰다	書く	써요	썼어요	써서
2	기쁘다	嬉しい	기뻐요	기뻤어요	기뻐서
3	크다	大きい	커요	컸어요	커서
4	바쁘다	忙しい	바빠요	바빴어요	바빠서
5	예쁘다	綺麗	예뻐요	예뻤어요	예뻐서
6	아프다	痛い	아파요	아팠어요	아파서
7	고프다	（お腹が）空く	고파요	고팠어요	고파서
8	슬프다	悲しい	슬퍼요	슬펐어요	슬퍼서

p.45

1. 슬펐어요

2. 바빠요

3. 썼어요

p.46

1. 책을 읽으러 가요.

2. 친구를 만나러 가요.

3. 부모님을 마중하러 갔어요.

4. 수영하러 갔어요.

p.47

1. 아침에는 빵(나/이나) 밥을 먹어요.

　訳：朝にはパンかご飯を食べます。

2. 휴일(나/이나) 주말에 친구를 만나요.

　訳：休日か週末に友達に会います。

3. 주말에는 집에서 잠(나/이나) 자려고 해요.

　訳：週末には家で昼寝でもしようとしています。

4. 대학로(나/이나) 명동으로 선물을 사러 가요.

　訳：大学路か明洞にプレゼントを買いに行きます。

5. 영화(나/이나) 연극을 볼까요?

　訳：映画か演劇を見ましょうか。

p.47

1. 도서관에 가거나 아르바이트를 해요.

2. 일기를 쓰거나 음악을 들어요.

3. 집을 치우거나 요리를 해요.

p.48

	単語	意味	-아도/어도 돼요	-면/으면 안 돼요
1	가다	行く	가도 돼요	가면 안 돼요
2	보다	見る	봐도 돼요	보면 안 돼요
3	내다	出す	내도 돼요	내면 안 돼요
4	기다리다	待つ	기다려도 돼요	기다리면 안 돼요
5	듣다	聞く	들어도 돼요	들으면 안 돼요
6	돕다	手伝う	도와도 돼요	도우면 안 돼요

p.48

1. 전자 사전을 사용해도 돼요?

2. 에어컨을 켜도 돼요?

3. 이 옷을 입어 봐도 돼요?

4. 리포트를 내일까지 내도 돼요?

5. 창문을 닫아도 돼요?

p.49

1. 가 : 산에 쓰레기를 버려도 돼요?

   나 : 아뇨, 버리면 안 돼요.

2. 가 :미술관에서 사진을 찍어도 돼요?

   나 : 아뇨, 사진을 찍으면 안 돼요.

3. 가 :술을 마시고 운전해도 돼요?

   나 : 아뇨, 운전하면 안 돼요.

4. 가 :지하철에서 통화해도 돼요?

   나 : 아뇨, 통화하면 안 돼요.

5. 가 : 시험중에 전자 사전을 사용해도 돼요?

   나 : 아뇨, 사용하면 안 돼요.

p.50

1. 내년에 다시 한국에 오겠어요.

2. 오후에 전화하겠어요.

3. 내일은 춥겠어요.

4. 비빔밥을 먹겠어요.

5. 도서관 앞에서 기다리겠어요.

6. 주말에 눈이 오겠어요.

7. 한국 소설을 읽겠어요.

8. 집에서 단어를 외우겠어요.

9. 넷플릭스에서 드라마를 보겠어요.

10. 이 옷을 사겠어요.

11. 나중에 전화하겠어요.

12. 막걸리를 마시겠어요.

13. 김치 찌개가 맵겠어요.

14. 지하철이 빠르겠어요.

15. 지하철역까지 걸어서 가겠어요.

p.51

1. 부모님께 무슨 선물을 보냈어요?

2. 누구에게 골프 배워요?

3. 고등학생에게 영어를 가르쳐요.

4. 언니에게 소포를 보냈어요.

5. 누구에게 그 이야기를 들었어요?

p.51

1. 부모님한테서 전화가 왔어요.

2. 한국 친구한테서 왔어요.

3. 여자 친구한테서 받았어요.

4. 장리화 선생님한테서 배워요.

p.52

	単語	意味	-ㄹ/을 수 있어요	-ㄹ/을 수 없어요
1	타다	乗る	탈 수 있어요	탈 수 없어요
2	켜다	点ける	켤 수 있어요	켤 수 없어요
3	만들다	作る	만들 수 있어요	만들 수 없어요
4	알다	知る	알 수 있어요	알 수 없어요
5	듣다	聞く	들을 수 있어요	들을 수 없어요
6	돕다	手伝う	도울 수 있어요	도울 수 없어요

p.52

1. 아뇨, 읽을 수 없어요.

2. 아뇨, 칠 수 없어요.

3. 아뇨, 운전할 수 없어요.

p.53

1. 지하철이 편리하기 때문에 지하철을 타요.
2. 수업 발표 준비를 하기 때문에 만날 수 없어요.
3. 옷이 예쁘기 때문에 동대문 시장에 가요.
4. 피곤하기 때문에 오늘은 일찍 집에 가요.

p.54

1. 먹지 못해요 / 못 먹어요.
2. 가지 못해요 / 못 가요.
3. 운동하지 못해요 / 운동 못 해요.
4. 찍지 못해요 / 못 찍어요.
5. 오지 못해요 / 못 와요.
6. 열지 못해요 / 못 열어요.
7. 만들지 못해요 / 못 만들어요.

p.55

1. 지금은 바빠서 나중에 다시 전화할게요.
2. 오늘은 피곤해서 일찍 잘게요.
3. 콘서트 티켓을 예약할게요.
4. 이번 주말에 떡볶이를 만들게요.
5. 도서관에서 리포트를 쓸게요.
6. 여름방학 때 어학연수를 갈게요.
7. 주말에 머리를 자를게요.
8. 친구들에게 물어볼게요.
9. 이번 주에 소포를 보낼게요.
10. 도서관에서 책을 빌릴게요.
11. 야경 사진을 찍을게요.
12. 유람선을 탈게요.
13. 해수욕장에서 수영할게요.
14. 집에 일찍 돌아올게요.
15. 노트북을 가져갈게요.

p.56

1. 기숙사에서 산 지 6개월이 넘었어요.

2. 콘서트에 간 지 2년이 지났어요.

3. 이 소설을 읽은 지 3년이 돼요.

4. 점심을 먹은 지 2시간이 지났어요.

5. 자료를 찾은 지 1시간이 지났어요.

p.57

	単語	意味	-ㄹ/을 때	-았을 때/-었을 때
1	타다	乗る	탈 때	탔을 때
2	켜다	つける	켤 때	켰을 때
3	예쁘다	綺麗だ	예쁠 때	예뻤을 때
4	알다	知る	알 때	알았을 때
5	듣다	聞く	들을 때	들었을 때
6	돕다	手伝う	도울 때	도왔을 때

p.57

1. (유치원 때, 유치원 다녔을 때) 가장 길었어요.

2. 대학교에 (합격할 때, 합격했을 때) 가장 행복했어요.

3. 미안해요. 조금 바빠서 내일 시간(있을 때, 있었을 때) 전화할게요.

4. 서울역에서 (출발할 때, 출발했을 때) 카톡할게요.

読解編の和訳と解答

p.60

こんにちは。

私はカリンです。

私は日本人です。

芸術大学の学生です。

専攻は漫画です。

お会いできてうれしいです。

これからもよろしくお願いします。

1.　아니요 〇

2.　네 〇

p.61

カリンさんは日本の留学生です。カナ大学で韓国語を勉強します。韓国生活は楽しいです。韓国料理も美味しいです。スンドゥブチゲが好きです。カナ文化センターには火曜日に料理授業があります。 そこで韓国料理を学びます。韓国料理の時間は楽しいです。そして金曜日には大学の韓国の歌サークルの集いで韓国の歌を学びます。歌サークルの時間は楽しいです。

1. 아니요 〇

2. 아니요 〇

3. 순두부 찌개를 좋아합니다.

4. 한국 요리 수업은 화요일에 있습니다.

5. 노래 동아리에서 한국 노래를 배웁니다.

p.62

その建物に郵便局があります。地下1階には地下鉄駅があります。電車駅の隣に花屋があります。2階に国際会館と旅行社があります。そして3階にレストランとカフェがあります。4階に映画館があります。郵便局の向かいには市役所があります。市役所の24階に展望台があります。ダウンタウンが一目でわかります。山や海も見えます。 ダウンタウンの風景が美しいです。

1. 아니요 〇

2. 아니요 〇

3. 지하 1층 전철역 옆에 있습니다.

4. 시청 24층에 있습니다.

5. 우체국 맞은편에 있습니다.

p.63

カリンさんは、朝6時に起きます。そして洗顔します。7時に朝を食べます。8時にニュースを見ます。そして9時まで学校に行きます。9時から12まで韓国語を学びます。12時から1時までランチタイムです。学生食堂でお昼ご飯を食べます。1時から3時まで韓国語のTA（ティーチングアシスタント）に会います。韓国語のTAが韓国語の宿題を手伝ってくれます。7時に家に帰ります。8時に夕食を食べます。10時にシャワーを浴びます。そして通常11時に寝ます。

1. 아니요 〇

2. 아니요 〇

カリンさんは昨日友達に会いました。 友達と一緒に東大門に行きました。 東大門でワンピースと化粧品を買いました。 ワンピースが気に入りました。 そのワンピースは39,000ウォンでした。 そして景福宮を見学しました。 景福宮を訪れる前に韓服を借りて着ました。 そして友達と一緒に夕食をしました。 市役所前のタコ鍋専門店でタコ鍋を食べました。 初めて食べました。 本当に美味しかったです。

1. 아니요 ◯

2. 네 ◯

3. ① 동대문에 갔습니다.

   ② 경복궁에 갔습니다.

   ③ 시청 앞 낙지 전문점에 갔습니다.

カリンさんは韓国旅行が大好きです。そして韓国の歌もとても好きです。だからソウルによく行きます。いつも飛行機のチケットとホテルはインターネットで予約しています。今、検索しています。今週末にも韓国に行きます。K‐POPコンサートがあります。オリンピック公園であります。バラード、ロック、ダンスの両方が好きです。それで友達と一緒にカラオケで韓国の歌もよく歌います。今回の旅行では韓国料理もたくさん食べて買い物もしたいです。ソウル旅行はいつも楽しいです。

1. 네 ◯

2. 아니요 ◯

釜山は海雲台海が有名です。そこは海水浴場も有名です。だから夏には多くの人が休暇に訪ねています。ソウルから釜山までKTXで約2時間30分ほどかかります。釜山駅から海雲台まで地下鉄で行こうと思います。海雲台まで50分ほどかかります。海雲台海水浴場で写真を撮ってみてください。そして水泳もしてみてください。

1. 아니요 ◯

2. 네 ◯

p.67

カリンさんは夏休みに友達と全州に旅行に行くことにしました。全州は韓屋村が有名です。韓屋は瓦で造りました。そして全州ビビンバも知られています。それで韓屋村を見学してそこで韓紙工芸を体験することにしました。そして韓国の伝統オンドルを体験することにしました。それで宿舎は韓屋村で泊まることにしました。

1. 네 ◯

2. 네 ◯

3. 전주는 한옥 마을과 비빔밥이 유명해요.

4. 한옥 마을에서 묵기로 했어요.

5. 한지 공예를 체험하기로 했어요.

p.68

今週の日曜日は友達の誕生日です。それで今日の午後にショッピングモールに行ってプレゼントを買わなければなりません。ショッピングモールはスミンさんに会って一緒に行きます。地下鉄駅の3番出口で会うことにしました。ショッピングモールには服、化粧品、バッグ、アクセサリーなど様々なものがあります。私は友人の誕生日プレゼントとして化粧品店で化粧品を購入するつもりです。スミンさんと一緒にプレゼントを買って夕食も一緒に食べる予定です。夕方はキムチチゲを食べることにしました。キムチチゲは辛いですが美味しいです。

1. 아니요 ◯

2. 아니요 ◯

3. 김치 찌개를 먹을 거예요.

4. 화장품을 살 거예요.

5. 지하철역 3번 출구에서 만나기로 했어요.

p.69

> カリンさんは日本人です。料理が好きです。韓国料理にも興味があります。それで授業が終わった後にカナ文化センターで韓国料理を学びました。いろいろな韓国料理を上手に作れます。そして日本料理も作ることが上手です。韓国に来る前に料理教室でいろいろな料理を学びました。それで時間があれば家に友達を招待して日本料理をよく作ります。今日も友達と日本料理をすることにしました。特に、友達はうどんとトンカツが好きです。それで韓国語の授業が終わったら買い物をしに行かなければなりません。

1. 아니요 ◯
2. 네 ◯
3. 가나 문화센터에서 한국 요리를 배웠어요.
4. 오늘 친구들을 집에 초대해요.
5. 친구들과 일본 요리를 하기로 했어요.

p.70

> 12月13日金曜日に高校の同窓会があります。高校を卒業してから20年ぶりに集まることにしました。担任の先生も来ることにしました。会場は学校の正門前にあるカナ食堂です。卒業生30人くらい来るつもりです。友達らが忙しくて、私は場所を予約することにしました。個室を予約したかったです。でも個室が小さくてホールを予約しました。2時間ほど夕食をしてカラオケにも行く予定です。その日が楽しみです。

1. 아니요 ◯
2. 아니요 ◯
3. 12월13일 금요일에 동창회가 있어요.
4. 학교 정문 앞 가나식당에서 만나기로 했어요.
5. 개인실이 작아서 홀쪽으로 예약했어요.

カリンさんの趣味はダンスですよ。それでダンスサークルに登録しました。週に3回ずつ集まって練習しています。新しく出てきたダンス音楽を一緒に聴いて流行するダンスを学びます。そしてテレビやYouTubeでK‐POPアイドルのダンスと歌をよく見ています。素敵な服を着て踊る歌手たちの姿は本当に素敵です。今秋、大学文化祭の時、私たちのダンスサークルが出演することになりました。最近流行っているK‐POPのダンスを踊るつもりです。それで最近は毎日練習しています。一生懸命練習して素敵なステージを見せたいです。

1. 네 ◯
2. 아니요 ◯

カリンさんは先週の日曜日に韓国語先生の家に行ってきました。先生が新しいアパートに引っ越し、私たちのクラスメートを招待しました。韓国では新しい家に引っ越すと、家族や友達を招待して祝うことをチプトゥリと言います。そしてチプトゥリに行く時、普通トイレットペーパーやティッシュ、洗濯用洗剤などをプレゼントに持っていくそうです。なぜなら、新しい生活に必要な日用品で洗剤泡のように財産をたくさん増やすという願望が込められているからだそうです。私たちも先生のチプトゥリの贈り物としてティッシュと洗剤を準備しました。先生はいろいろな韓国料理を作っていただきました。本当に美味しかったです。

1. 아니요 ◯
2. 네 ◯

p.73

カリンさんは昨年韓国に来ました。カナ大学の語学堂で韓国語を勉強しています。普通、学校までは地下鉄に乗ります。家から学校まで40分ほどかかります。ソウルは地下鉄が便利です。そしてまだ道がよく分からないのでバスは乗っていません。韓国の地下鉄はソウルと京畿道、大邱、釜山、光州、大田にもあります。地下鉄に乗るときは交通カードを使っています。交通カードを使用すると、現金で支払うよりも良い点が多いです。たとえば、バスや地下鉄を乗り換えたときに料金が無料または割引になります。交通カードは地下鉄駅やコンビニなどで買えます。

1. 아니요 ◯

2. 네 ◯

3. 서울 이외 경기도, 대구, 부산, 광주, 대전에 있어요.

4. 교통카드가 있으면 편리해요.

5. 버스나 지하철을 갈아탈 때 요금이 무료 또는 할인이 돼요.

6. 교통카드는 지하철역이나 편의점에서 살 수 있어요.

p.74

汝矣島

汝矣島を紹介します。汝矣島は地下鉄5号線に乗って汝矣島駅や汝矣ナル駅で下車すれば良いです。汝矣島には63ビルがあります。その建物の中には展望台と水族館があるので人気があります。そして汝矣島公園やKBS放送局、国会議事堂もあります。特にクルーズ船も乗ることができ、夜に漢江の素敵な夜景を見ることができます。漢江はジョギングする人もたくさんいます。そして漢江周辺にはカフェがあるのでお茶も飲めます。

1. 네 ◯

2. 네 ◯

3. 여의도역이나 여의나루역에서 내려요.

4. 여의도에는 여의도 공원, KBS방송국, 국회의사당이 있어요.

5. 한강에서 조깅을 하고 유람선을 탈 수 있어요.

6. 전망대와 수족관이 있어서 인기가 많아요.

著者紹介

張　京花

韓国生まれ。

神戸大学大学院博士（学術）

現在、神戸芸術工科大学など韓国語非常勤講師。

著書に『WE CAN 韓国語 – 入門から初級へ –』『WE CAN 韓国語 – 初級から中級へ –』
『WE CAN 韓国語 文型 그리고 ことわざ』（博英社）。

金　世徳

韓国生まれ。

現在、大阪観光大学観光学部教授。

著書に『WE CAN 韓国語 – 入門から初級へ –』『WE CAN 韓国語 – 初級から中級へ –』
『WE CAN 韓国語 文型 그리고 ことわざ』（博英社）。

WE CAN 韓国語 練習広場 -初級編-

発 行 日　2023年 10月 31日

著　　者　張京花・金世徳
編　　集　金善敬
発 行 人　中嶋　啓太

発 行 所　博英社
　　　　　〒370-0006 群馬県 高崎市 問屋町 4-5-9 SKYMAX-WEST
　　　　　TEL 027-381-8453 / FAX 027-381-8457
　　　　　E・MAIL hakueisha@hakueishabook.com
　　　　　HOMEPAGE www.hakueishabook.com

ISBN　　　978-4-910132-53-2

定　　価　1,980円（本体 1,800円）